曹操传

章义和 ◎ 著

北京联合出版公司
Beijing United Publishing Co.,Ltd.

图书在版编目（CIP）数据

曹操传 / 章义和著 . -- 北京：北京联合出版公司，
2024.6
ISBN 978-7-5596-7517-0

Ⅰ . ①曹… Ⅱ . ①章… Ⅲ . ①曹操（155–220）—传
记 Ⅳ . ① K827=342

中国国家版本馆 CIP 数据核字 (2024) 第 058944 号

曹操传

项目策划：斯坦威图书
作　　者：章义和
责任编辑：徐　鹏
封面设计：异一设计 QQ:164085572
内文排版：天艺华彩

北京联合出版公司出版
（北京市西城区德外大街 83 号楼 9 层　100088）
大厂回族自治县德诚印务有限公司印刷　新华书店经销
字数 192 千字　880 毫米 × 1230 毫米　1/32　7.5 印张
2024 年 6 月第 1 版　2024 年 6 月第 1 次印刷
ISBN 978-7-5596-7517-0
定价：59.00 元

目　录

第一章

任侠少年

曹操是安徽人。我们都喜欢说这样一句话，叫"江淮大地，物华天宝，人杰地灵"。确实，安徽是块宝地，是个出人才的宝地。安徽历史上的名人犹如夏日夜空中的繁星。众星闪烁，曹操是耀眼的一颗。

　　假如我们以曹操生活的年代为时间坐标，可以这样说，在曹操之前的一千年，以及在曹操身后的一千年，就生前的建树和死后的影响力而言，应该说没有一个人可以与他相比。也就是说，在洪武皇帝朱元璋之前，曹操这个人物可以说是前无古人，后无来者。

　　可是，就是这么一个人物，古人也好，今人也好，对他的认识是很复杂的。说起曹操，人们总喜欢用这样的三句话来概括："曹操是中国历史上的一个英雄，但有时表现得像个枭雄，民间的形象则是个奸雄。"

　　曹操在世的时候，人们已经给了他"英雄""枭雄"这两项荣誉称号，不过他自己只接受"英雄"这一称号。晋代人孙盛在他的著作《异同杂语》中说：曹操"尝问许子将：'我何如人？'子将不答。固问之，子将曰：'子治世之能臣，乱世之奸雄。'太祖大笑。"从这个记载看，曹操对许劭送给他的"奸雄"评语笑而纳之。经专家考证，许劭的原话不是这样，许劭说的是"乱世之英雄"，孙盛篡改为"乱世之奸雄"。

　　在那个时代，"英雄"是有特定意义的。三国时政治评论家刘劭在他的《人物志》中，对"英雄"下过一个定义："聪明秀出谓之英，胆力过人谓之雄。"也就是"文武出众"的意思。就文、武而言，曹操是他那个时代的拔尖人物，这是大家公认的，连诋毁曹操的孙盛也承认曹操"才武绝人"，并举出具体的事例，说曹操博览群书，特好兵法，曾经写了一部兵书叫《接要》，又注释了《孙武十三篇》。尽管曹操私入中常侍张让的卧室想行刺张让的事未必属实，但他做洛阳北部尉的时候棒杀过宦官骞硕的叔父，并豪迈地加入反宦官的队伍，公开背叛自己的出身，这应当属于胆识过人之举。后来的政治行为和军事业绩，以及多才多艺的表现，都说明曹操在文才武略上是出众的，是当时的"英雄"。

然而，在老百姓的心目中，曹操是奸贼，是中国历史上的一个超级奸臣。他完全没有道德观念，行为不受任何束缚。他一贯无视君臣大义，只想篡汉自代，玩弄汉家天子于股掌之上。他极端的自私残忍，为达到自己的目的，不择手段，不讲信义，任何伤天害理的事情，他都敢做，为所欲为，无法无天。一句话，曹操乃是千夫所指的国贼大憝。

曹操的奸雄形象确实是帝国时期统治意识影响下的宋元说书人、唱戏者以及刘义庆、罗贯中等这批小说家们制造出来的。那是一个假曹操。

因此，曹操不是奸贼，而是一位英雄。

问题好像是解决了，其实不然。官渡之战前夕，袁绍委托他的幕僚陈琳写一篇声讨曹操的檄文，陈琳从曹操的祖宗三代开始骂起，然后给曹操定罪："操豺狼野心，潜苞祸谋，乃欲挠折栋梁，孤弱汉室，除灭中正，专为枭雄。"说曹操这个人不好，曹操曾得到过袁绍的大力支持，却反过来兴兵加害；将献帝挟持到许昌以号令诸侯，孤立汉室，想独霸乾纲；赏罚杀戮，一个人说了算，使得忠正贤良之辈无处立足。曹操的所作所为都说明他是个枭雄。陈琳这篇文章后来被昭明太子萧统收到《文选》之中，影响甚广。

陈琳的这些观点主要是出于现实的需要，是没有多大说服力的。曹操不打袁绍，袁绍也会来灭曹操的。自从董卓将汉献帝掳到长安，汉王朝已经是名存实亡了。按照明末王夫之的说法，名存实亡总比名实俱亡好一点，但就是这么个名存实亡也是靠曹操苦力支撑下来的：曹操一死，汉献帝不就马上到山阳这个小地方屈就公位（山阳公）了吗！四海纷扰，天下大乱，昔日的帝都洛阳已经是残破不堪，野草蔓蔓，天下贤良何处尽忠？这些都是当时的实际问题。因此，陈琳的说法确有不少是有意的夸张。

不过，也不能将曹操的枭雄性格推得一干二净。曹操自幼诡诈，长大了也没有改变多少。他嗜杀，动不动就数万、数十万地杀人；他好疑，"宁我负人，毋人负我"的表白令人毛骨悚然；他凶狠，因军粮不够，竟借粮官的头以安军心；他狡诈，竟设下圈套以证明自己的诡言；他忌刻，睚眦必报，好法峻刑。

让人捉摸不透的是，曹操更多的时候呈现的是枭雄性格的相反一面。

曹操是个性格极端的人，权势和地位使他性格的两重性发挥到极致。所以，端出阳光灿烂的一面，曹操是三国豪杰中第一流的政治家、军事家和诗人，是英雄，也是能臣；拿出电闪雷鸣的一面，曹操则是人皆可唾的"古往今来奸雄中第一奇人"。

这两者都是曹操，也都不是曹操。

那么曹操到底是什么样的人呢？我们得慢慢从头说起。曹操又名吉利，字孟德，小字阿瞒，沛国谯人，也就是安徽的亳州人。他死于东汉献帝建安二十五年（220）正月，终年 66 岁。按此推算，曹操的生年是东汉桓帝永寿元年，也就是公元 155 年。

陈寿《三国志·武帝纪》对曹操的家世有记载："姓曹，讳操，字孟德，汉相国参之后。桓帝世，曹腾为中常侍大长秋，封费亭侯。养子嵩嗣，官至太尉，莫能审其生出本末。嵩生太祖。"就这么四十九个字，很简单。就是这么四十来个字，陈寿给我们丢下了糊里糊涂的一句话，说曹嵩"莫能审其生出本末"。对这段史料，《三国志》注者裴松之作了一些补充，使我们稍微多一点地了解曹家的大概。

曹腾的父亲叫曹萌，是个非常厚道的人。有一天，邻居家的猪不见了踪影，四处找猪的邻居，认定曹家猪圈中的那头猪就是他家的猪，曹萌没做任何辩解，就让邻居给牵走了。谁知没过多久，邻居家的那头猪居然回来了，这下就洗清了曹家的冤枉。当邻居内疚地前来完"猪"

归"曹"时，曹萌没有任何的抱怨，只是笑着将猪赶回了猪圈。

曹萌可能确实是一个宅心仁厚的人，但我刚才所说的那件事并不能予以充分的证明。从另一个角度来看，这件小事正好表明：当时的曹家，不但经济上不富裕，所以要养猪，而且政治上无权无势，所以对邻居的蛮横，不愿据理力争。也正因为家境贫寒，曹萌在四个儿子中，让最小的曹腾净了身，被送入汉宫中做了太监。

曹腾的入宫时间，大约在安帝元初年间（114—119）。他很有心计，很快就从众多的黄门从官中脱颖而出，成为太子殿下（也就是后来的顺帝刘保）的读书伴郎，深得太子的欢心。凭借着这种关系，在顺帝继位之后，曹腾在宫中的地位节节攀高，一直做到中常侍（皇帝的高级侍从官，东汉一代专以宦官充任，主要负责传达诏令、掌理文书）。

曹腾是东汉中期以后颇有名气的宦官，所以范晔《后汉书》给他立了传。曹腾的政治作风与一般宦官不同，喜好奖掖贤能，而且做事的策略也很不一般。我来举一个例子。

有一次，蜀郡太守派人前来贿赂、巴结曹腾，中途却不慎被益州刺史种暠人赃俱获。种刺史立马上表弹劾曹腾。但是，曹腾不仅没有给种暠穿小鞋，反而经常称赞种暠是一个有能力的官员。结果一炮两响，曹腾既博得了种暠的感激，又赢得了宽宏大量的美誉。

曹腾得势之后，曹家的气象蒸蒸日上，不但成为谯县的富庶人家（自然不用再养猪了），而且还有多位成员平步青云，做了朝廷命官。

郦道元《水经注》说，在谯县城南有一座曹腾兄长的墓冢，墓碑上刻"汉故颍川太守曹君墓，延熹九年（公元166年）卒"。这个颍川太守曹君，应该就是王沈《魏书》所提到的颍川太守曹褒，但我们不清楚曹褒究竟是曹腾三个哥哥中的哪一个。

郦道元还说，在颍川太守曹君墓的北边，还有他的大儿子曹炽的坟墓，墓碑上题"汉故长水校尉曹君之碑"。这位曹炽，先后担任过太中大夫、侍中、长水校尉等职务。据王沈《魏书》记载，他是曹操堂兄弟曹仁、曹纯的父亲。我没有调查，不知道现在的亳州还有没有这两座墓。

曹操的父亲曹嵩，字巨高，是曹腾的养子。允许宦官收养子息，大概是从东汉开始的。准确地说，是从东汉顺帝阳嘉四年（135）开始的。这一年的二月，顺帝下诏："听中官得以养子为后，世袭封爵。"这项规定开了历史的先河，自此以后，直至明清，宦官养子便作为成例被沿袭下来。

既然是养子，自然是另有所出。那么曹操的祖宗到底姓什么呢？陈寿没有弄明白，只好存疑，说"莫能审其生出本末"。从我们读者的角度看，尽管我们对这个问题比较好奇，但陈寿这样的处理应该说是合情合理的。

从常情来看，收继者历来就对收继关系讳莫如深。他们都不希望过继者长大成人后脱离自己，毕竟他们付出了很多。

从常理来看，一般人都很尊重收继者的情感，还有利益，而且，过继者即使后来明白了真相，也大都不会辜负收继者的希望。

因此，原本就不应该探讨"曹嵩的生父究竟是谁"这个问题。因为既然曹嵩已经过继给了曹腾，自然也就没有必要再去探究他的来历，即使考证出他的生父，也没有多大的实际意义。陈琳的讨曹操檄文说，"父嵩乞丐携养"，只是点到曹嵩的出身卑微。可是后来出来了《曹瞒传》这样一本书，书中说曹嵩的血管中流淌的是夏侯氏的血，曹嵩就是曹魏名将夏侯惇的叔父（如此算来，曹操与夏侯惇就是叔伯堂兄弟了）。晋人郭颁的《魏晋世语》因袭了《曹瞒传》的说法。

清代学者何焯在他的《义门读书记》中认为，曹嵩、曹操不可能与夏侯氏有任何血缘关系。何焯进而分析说，《曹瞒传》之所以如此诋毁曹操，就因为作者是与曹魏对立的东吴人。

我们在考察曹嵩身世的时候，还必须注意到这样几个细节：第一，曹腾只有在成为老资格的宦官之后，起码是在位居中常侍以后，才有可能收养子；第二，夏侯家和曹家都是谯县人，曹腾不会傻到收养一个与老家距离太近的异姓儿童，因为这不利于保密；第三，从曹嵩、曹腾、曹操祖孙三代的年龄差距推论，曹嵩被收为养子时，应该已经懂事了，他不可能不知道自己的亲生父母是谁。我们推测，曹嵩很可能是曹腾三个哥哥中某一个的儿子，也就是说，曹嵩本是曹腾的亲侄儿。假若不是这样，曹腾是万万不敢收养的。

所以，基本上可以排除曹嵩是夏侯氏之子的可能性。

遗传基因在塑造曹操的性情和才能方面，显然作用不大。虽然我们对曹嵩知之甚少，但可以肯定的是，曹操的父亲绝对不是一个能干大事业的人。他除了花巨资过了一把太尉瘾以外，别无其他大的手笔。

曹操的敏感多疑和自卑情结，我们觉得可能源于他母亲的早逝和父亲不经意间的冷落。曹操有一首名为《善哉行》的怀旧诗，曾作这样的追忆："自惜身薄祜，夙贱罹孤苦。既无三徙教，不闻过庭语。"三徙教，指的是孟母三迁的故事，孟子的母亲为了选择好的环境以便教育好儿子而三迁住所。过庭语，指的是父亲的教诲，出典是孔子要求儿子认真读《诗》。曹操的这首诗明显地说他没有受到父母亲的精心培育。

童年的曹操，既缺乏慈母的关怀，又少有严父的训导，自然不免任情行事甚至放荡不羁。《三国志·武帝纪》说："太祖少机警，有权数，而任侠放荡，不治行业，故世人未之奇也。"

机警和权数，说的是少年曹操非常聪明，反应快捷，诡谲多计，善于应对。

任侠放荡，不治行业，说的是曹操少年无拘无束，随意所至，率性而为，飞鹰走狗，游荡无度，不干什么正经事。

世人未之奇也，说的是少年曹操没有引起众人的注意。

这个记载大体上没错，我们可以从其他典籍中得到证明。我举个例子。

《世说新语·假谲篇》中有曹操这么一个故事，说曹操少年的时候，经常和袁绍这些公子哥儿们在一起，喜欢干一些游侠之类的事。有一次，他们看到一户人家娶媳妇，就偷偷潜入这家的庭院里。乘着宾客散席、场面混乱的时候，大声呼喊："有小偷，有小偷！"办喜事的人自然急着抓小偷，都跑出去了，只留下新娘守在洞房里。这时候曹操跑进新房，拔出刀来，劫持了新娘，与袁绍一起跑了。跑着跑着迷了路，一慌神跌进长了很多刺的灌木丛中，袁绍吓得不敢动弹。曹操又大叫一声："小偷在这里！"袁绍一急，顾不上疼痛，一下子跳了出来，两个人丢下新娘，一起逃跑了。

这个故事说明这班权贵子弟在一起，什么事都做得出。相比较而言，曹操比袁绍更有心计，也更有胆量，胜袁绍一筹。

再说一个故事。这个故事见于《曹瞒传》。曹操整天和一批淘气鬼在一起，做一些令人啼笑皆非的事，他的叔父看不惯了，好几次对曹嵩说：你得好好地管一管你的儿子，整天干些不着调的事，实在不像话。叔父的小报告可能让曹操吃了一些苦头。有一次，曹操和那些小哥儿们去打猎，又被叔父碰到了。曹操灵机一动，装出十分痛苦的样子，倒在了地上。可怜的叔父虽然讨厌这个侄子，但毕竟血浓于水，赶忙上前问个究竟，被告知说突然间中了恶风。叔父连忙拔腿回家通知兄长。曹嵩匆匆赶到后，看到儿子若无其事的样子，自然很奇怪，问道："你叔父说你中了恶风，你怎么很快地就好了呢？"曹操一脸的迷惑，然后又是突然醒悟的样子："我叔父一向不喜欢我，他的话你能相信吗？"这个故事的最终结果是，叔父的小报告从此失去了作用。这种恶作剧，不少小孩都玩过，但常人很难在长辈面前做得如此的从容不迫，如此的面无愧色，可是曹操却能做得出来。他略施小技，就把叔父在父亲面前的信誉给摧毁了。

有些人将《武帝纪》中所说的曹操"不治行业"理解为不认真读书习武，没有什么专长。这种理解不太准确。曹操是爱学习的，之所以后来能才武过人，就是因为儿时打下了良好的基础。

孙盛的《异同杂语》有这么一则记载："太祖尝私入中常侍张让室，让觉之，（操）乃舞手戟于庭，逾垣而出。才武绝人，莫之能害。"

孙盛说，曹操有一次居然潜入中常侍张让的卧室，想刺杀这个专权用事的大坏蛋，但在得手之前，被警觉的张让发现，于是刹那间，卫士们蜂拥而至。可曹操艺高人胆大，他从卧室打到厅堂，又从厅堂杀到院子，卫士们根本拿他没办法，最后只好眼睁睁地看着他翻墙离去。

孙盛的这则记载让人感到疑惑。孤身一人入室权宦，而且手舞兵器逾墙而出，绝不是小孩子所能做的事，但又绝不会是做官之后的曹操所为。曹操二十岁的时候举孝廉为郎，那个时候确实是张让权势炽盛的时候。如果曹操做了这件事，就是当场没被抓住，也必遭通缉，张让怎么会放过这个刺客呢？可是我们没有见到这方面的任何记载。所以这里面存在三种可能：第一种可能是根本没有这回事，孙盛的记载是杜撰的；第二种可能是少年曹操对张让的卧房好奇，想一探究竟，卫士们一窝蜂地拥上来抓他，发现是个小孩，也就没当一回事，曹操就在他们一愣神的工夫，跳墙跑了；第三种可能是曹操在十四五岁或者稍大一点的时候确实干过这件事。如果真是这样，说明曹操胆壮气盛，才武过人，好为惊人之举，他不再是游荡无度，而是开始有自己的一些想法了，尽管这件事的做法十分幼稚。

我的观点是曹操没有做过这件事。为什么这样说呢？只身入室行刺权宦，那是惊天大事，不会不引起人们的关注。如此，陈寿就不会下这么个断语："世人未之奇也。"

尽管"世人未之奇也"，但曹操的所作所为还是赢得了一些人的注意。对这位不断弄点花样的调皮少年，当时的人有两种看法。

一种看法是曹操这个人不怎么样，甚至不值得与他交往。据《世说新语》的《方正篇》记载，南阳有个人叫宗承（字世林），与曹操差不多大，他就非常鄙薄曹操的为人。曹操好多次登门造访，要求结交，可是宗承一直不答应。

另一种看法是曹操这个人有匡世之才，将来必成大器。其中最为器重曹操的人物是梁国（今河南商丘南）的桥玄。桥玄是个大人物，光和六年（183）官至太尉。曹操在还没有入仕的时候曾去拜望桥玄，桥玄见而异之，说："天下将乱，能安之者，其在君乎！"（天下将要大乱了，能安定天下的人，想必就是阁下您吧！）并以妻子儿女相托付。这件事是真实的。后来曹操征战期间，路过桥玄墓，感其知己，写了一篇漂亮的祭文，其中说道："操以幼年，逮升堂室，特以顽劣，见纳君子。增荣益观，皆由奖助。"而且在这篇祭文中，曹操讲了一个他与桥玄交往的一则趣事。桥玄曾对曹操说："我死了之后，你若经过我的墓前，不以斗酒只鸡来祭奠的话，车过三步，肚子就要痛，到时候你别埋怨我。"回想起这段往事后，曹操感喟："虽临时戏笑之言，非至亲之笃好，胡肯为此辞乎？匪谓灵忿，能诒己疾，旧怀惟顾，念之凄怆。"由此，我们可以知道桥玄以妻儿相托并不是一时的戏言或冲动，而是因为对曹操的为人有深刻的认识。

除桥玄之外，对曹操高看的人还有南阳人何颙。何颙与著名的党人陈蕃、李膺是好朋友，受到过宦官的迫害。他见到少年曹操时，说过与桥玄相类似的话："汉家将亡，安天下者必此人也！"

汝南人王儁和李膺的儿子李瓒都是欣赏曹操的人物，皆对曹操有着"天下英雄无过君耳"的认识。

少年曹操任侠狂荡，曾与袁绍等官宦子弟做过许多荒唐之事，但他的天分、志向以及能力也有着一定的表现，得到了像桥玄等人的赏识和赞许。可以这样说，少年时代，曹操放荡不羁，颇有纨绔子弟的泼皮之性；但在即将入仕之时，曹操开始沉潜，他博览群书，交接名士，对社会有了一定的认识，并以积极而实际的行为做好了驰骋天下的准备。

第二章

出手不凡

曹操是二十岁的时候被举为孝廉的。

汉代官员的选拔有两种制度：一是察举制度，一是征辟制度。察举主要依据自下而上的推荐；征辟与察举相反，是自上而下的选拔。汉代察举的科目有很多项，但主要是孝廉、茂才和贤良方正这三科。从地方将人才推举出来，以便中央人事部门给予相应的官职。

察举是要被推荐的，所以曹操入仕，必须经过推荐这一关。桥玄认识曹操后，给曹操出了一个主意，说你这个人虽然有能力、有志向，可做官是要人举荐的，在被人举荐之前，最好要有些名声。

曹操说："那我该怎么办呢？"

桥玄说："要想出名，你得结交名士，而且要结交大名士。"

桥玄让曹操去交结当时的大名士汝南人许劭，因为许劭以看人看得准而出名。《后汉书》（卷68）对许劭的评价是"天下言拔士者，咸称许、郭"（郭是指郭泰，也是当时以识人著称的大名士）。于是曹操就去了。

曹操结交许劭并不顺利。《后汉书·许劭传》说："劭鄙其人而不肯对，操乃伺隙胁劭，劭不得已，曰：'君清平之奸贼，乱世之英雄。'操大悦而去。"这个评语，《三国志·武帝纪》注引孙盛《异同杂语》的表述与之不太一样，这就是大家所熟悉的"子治世之能臣，乱世之奸雄"。结合曹操一生的行为，相比较而言，《后汉书》的记载可能更近于事实。

对许劭的这个评语，曹操是非常满意的，"大悦而去"。曹操为什么是这个态度呢？许劭说曹操是"清平之奸贼"，他为什么还高兴呢？因为曹操清楚，天下将乱，已无清平可言。曹操要从这个大名士眼中看看自己在乱世中是不是个人物，这是关键。许劭在这方面给了他肯定的答复，所以曹操"大悦而去"。

这个记载给我们两点回味：一是曹操是采用胁迫手段让许劭给自己一个评语，至于什么手段，史书没记载，我们也不好乱说，只能说曹操的这一举动与当时人的行事方法是不一样的，是具有他的个性色彩的。

二是尽管许劭鄙视曹操的为人，但对曹操的能力是十分肯定的。而这一点，曹操也是十分看重的。

许劭一生给人评价无数，没想到这一个评价却使他名流千古。

许劭的眼光确实老辣！

应孝廉之举得了郎官之后不久，曹操出任年薪四百石的洛阳北部尉，也就是首都公安局北部分局局长的角色，负责本地区的社会治安工作。

《曹瞒传》说，让曹操担任洛阳北部尉，是司马懿之父、当时的尚书右丞司马防拍板的结果。当时，曹操本人很想担任洛阳令一职，但司马防不予考虑。后来，建安二十一年（216）五月，曹操晋爵魏王之时，特地将司马防请至邺城，一面喝酒一面调侃司马防："孤今日可复作尉否？"司马防的回答不卑不亢："昔举大王时，适可作尉耳！"

洛阳北部尉的交椅并不好坐。在天子脚下，要想不作为，难；要想有所作为，更难。一则因为洛阳是三教九流的会聚之地，流动性又大，很难管理；再则达官贵人济济一堂，各种各样的社会关系盘根错节，很可能因为某一案子处理不当，轻则官位不保，重则身败名裂，甚至还可能搭上性命。

《曹瞒传》说曹操上任伊始，首先命令工匠把年久失修的官署粉饰一新，然后又赶制了十余根五色棒（木制棍棒刑具，上涂青、赤、黄、白、黑五种颜色。古时以五色代表五域四方）悬挂在官署大门两侧，同时张贴告示，申明此后凡有触犯禁令者，不论是平民百姓还是豪强权贵，一律绳之以法。决不宽贷，刑具就是他自制的五色棒。

令人费解的是，一个区区的四百石小官，是否具有制定地方法规的职权？他的土法规是否得到了皇上或上级主管部门的批准？它在量刑方面是否过重？对此，《曹瞒传》没有作任何说明。

终于有人犯规了。犯规的是宦官蹇硕的叔父，不知何故他居然深更半夜出行到北部尉的辖区，这就违反了曹操定下的宵禁规定。这人命中注定是个倒霉鬼，因为那天刚好曹操值夜班。案发之后，曹操立马将肇事者棒杀了。

对于这个事件，不少人认为：曹操的这一举动，在宦官权势炙手可热的当时，充分地表现出他不避豪强、嫉恨宦官专权的政治立场。这种观点只能是聊备一说。当时的蹇硕，不过是一个六百石级别的小黄门，也还没有得到汉灵帝的宠信，以曹操的家庭背景，根本没有畏惧的必要。而且，杀了一个宦官的亲戚，从中也无法得出曹操嫉恨宦官专权的结论。

更何况曹操的这一行为本身就很有些避重就轻的嫌疑，难道那几个月中就没有一个犯规的达官贵人？从这一事件中，我们只能推断说：曹操有选择地严惩了违禁者，而且也确实收到了杀鸡儆猴的功效。据说从此之后，"京师敛迹，莫敢犯者"，没有人不把曹操的这个禁令当回事了。

熹平六年（177），二十三岁的曹操被提拔为顿丘（今河南清丰县西南）县令。《曹瞒传》说，这是宦官集团以退为进的策略，目的是把他调离洛阳，这样的解释很牵强。当时的大宦官们正在积极筹划出征鲜卑的军国大事，哪里有闲工夫考虑小小北部尉的任免问题。曹操被提拔为顿丘令，应该是上级主管部门对曹操工作成绩的奖赏。

曹操本人对他在担任北部尉时的所作所为，颇为自得。献帝建安二十四年（219）十月，曹操途经洛阳的时候，特地给有关部门打招呼，重新修葺了一下北部尉的办公大楼。

尽管现存史料对曹操任职顿丘期间的行迹没有任何交代，但曹操本人在作于建安十九年（214）的《戒子植》中，曾经不无自豪地追忆起这段时光："吾昔为顿丘令，年二十三，思此时所行，无悔于今。"

依据此话推断，曹操在任职顿丘令期间，应该是有些政绩的。

不过，曹操为官顿丘的时间比较短暂，也就是年把的时间。灵帝光和元年（178）十月，曹操因宫廷斗争的牵连，被迫从顿丘令这一职位上下岗，回到了老家谯县。

在谯县老家赋闲的两年多里，曹操除了读书、习武之外，还做了一件事，纳了一位小妾。曹操早先娶了一位丁家的女孩做娘子，没有生育。此时没有事情干，就做了这件事。这位小妾二十岁，姓卞，原本只是一位歌女，但见识很不一般，涵养也非常好，她后来为曹操生养出三个不凡的儿子：曹丕、曹彰和曹植。

光和三年（180）六月，曹操被征拜为议郎，年薪六百石。议郎属于皇帝的秘书班子，随时听从皇上的调遣，虽然没有具体的职掌，却拥有议政的权力。

在议郎的位子上，曹操所做的一件事值得一说。这件事虽然不大，但并不是一般人所能做的，是需要一定胆力的。做的什么事呢？他上书朝廷，为宦官的死对头前大将军窦武和太傅陈蕃鸣冤叫屈。十多年前，这两个人因为不满宦官专权，有意诛杀这些权阉，不料走漏了消息，宦官先发制人，两个人被害。

这件事，可以说明曹操真正地与宦官对着干了。曹操这次想通过翻案而冲击宦官势力，显然不是一时的心血来潮，而是经过深思熟虑的。当时，东汉皇朝正处于社会危机大爆发的前夕。一面是，以张角为首的秘密组织太平道正四处串联、图谋造反；另一面是，遭禁锢的"党人"情系社稷安危，要求驱除宦官、革新政治。身处其中的曹操，自然感受到了时局即将面临大的变化。为窦武、陈蕃鸣冤叫屈，体现了他的忧患意识，以及重新起用"党人"的心愿。

然而，要不是因为他父亲与这些权阉有着良好的私人关系，曹操的这一上书，很可能就砸了他自己的饭碗，甚至要了他的脑袋。

这件事的结果是，曹操被权阉网开一面，没有被追究，可是他从此只能三缄其口。这样的日子，曹操又过了三年。

曹操三十岁的时候，也就是中平元年（184）。这一年是历史发展的关键岁月，也是曹操人生的转折点。大家都清楚，这一年，张角等人所组织的太平道在全国范围内造反了，史学家称之为"黄巾军起义"。黄巾军是二月开始造反的，三十六方同时起事，而主力主要集中在三个地区：冀州、颍川、南阳。冀州的起义军由张角兄弟直接指挥，颍川的起义军由波才指挥，南阳的起义军由张曼成指挥。东汉朝廷以卢植率军镇压冀州的黄巾军，以皇甫嵩、朱儁共讨颍川和南阳的黄巾军。

这年四月，围剿颍川黄巾军的皇甫嵩、朱儁部队出师不利，连吃败仗，被波才围困在长社（今河南长葛东北）。就在此际（五月），曹操被授以军职，由六百石的议郎升职为二千石的骑都尉，奉命支援困守孤城的皇甫嵩、朱儁。

就在曹操带兵赶到长社的那个夜晚，恰逢皇甫嵩、朱儁采用火攻战术，将黄巾军打得人仰马翻，于是曹操与他们协同作战、内外夹击，大破波才部队，从而解除了颍川黄巾军对京师洛阳的直接威胁。

此后，曹操又多次参与镇压黄巾军残部的战斗，最终因功得赏，被提拔为济南国相。

汉代在地方行政制度上，实行郡国并行制。其中，郡直属于中央，王国则是分封给同姓诸侯王的领地，两者都是地方最高行政单位。自西汉景帝之后，各地的诸侯王被剥夺了行政权，只能享受封国内的赋税收入；由朝廷直接任命的国相，才是各王国处理实际行政事务的主管，地位相当于二千石的郡太守。

曹操这位新任济南相很快就发现，他属下的十位县太爷至少有八位存在着严重的问题。他们一方面通过行贿等途径，攀附朝廷政要，以为后台；另一方面又与当地的奸猾豪强狼狈为奸，不仅巧取豪夺，而且为非作歹。也正因为有着这种盘根错节的关系网，不仅老百姓敢怒不敢言，即便是此前的历任国相，也都听之任之，苟且偷安，甚至同流合污。

曹操到任后所烧的第一把火，就是将那八个千夫所指的贪官污吏撤职查办，提拔德才兼备的人才担任王国属吏。这一把火，不仅一下子切除了当地的毒瘤，而且驱散了长期以来甚嚣尘上的歪风邪气。于是，昔日作威作福的劣绅奸商在震恐之余，收敛行迹，或者卷铺盖走人，社会治安因此大为好转。

但济南国的问题又不仅仅是吏治的腐败，以及由吏治腐败而导致的治安紊乱；普遍的、根深蒂固的鬼神崇拜和淫祀之风，同样触目惊心。而且，相对于前者来说，后者更难整治。

如果寻找根源的话，济南这种不良社会习气的形成，大概可以追溯到西汉前期。当初，汉高祖刘邦驾崩之后，他的遗孀吕雉临朝称制，娘家吕氏一门因此鸡犬升天，个个飞黄腾达。他们不仅对大行皇帝"非刘氏不王"的约定嗤之以鼻，甚至竟然打算冒天下之大不韪，改朝换代。在社稷存亡之秋，幸有忠贞不贰的周勃、陈平等元老重臣，挽狂澜于既倒，扶大厦于将倾，定计除灭了吕氏。

在这场颠覆与反颠覆的政治风波中，汉高祖众多皇孙之一的刘章，也曾为确保刘氏江山出力流汗，因此在论功行赏的文帝前元二年（前178），刘章从朱虚侯晋升为城阳王。

城阳王刘章受封两年后去世，继立者在国境内为他立庙祭祀，以志纪念。在西汉元帝、成帝以后，鉴于外戚互相专权、皇室岌岌可危的严峻现实，有人就将城阳王作为拥护皇室、反对外戚的精神象征，城阳王祠因此雨后春笋般地出现在以城阳为中心的泰沂山区。在东汉建国之后，青州民间对于城阳王的崇拜之风更趋盛行，一时间祠庙林立，仅济南国境内就有六百多座。

不过，东汉时期青州民众祭祀城阳王的目的，基本上已经不是安汉尊刘，转而蜕化成为祈福、禳灾、祛病的迷信活动。这种淫祀活动的弊病不一而足，其中最大的危害是：不但社会财富化为灰烬，而且滋生出愚昧、荒唐等各色各样的陋习恶俗。

曹操烧的第二把火就是禁断淫祀。这把火烧得更旺，并在短期内颇见成效。在他的主持下，大量的祠庙被强行拆毁，官民被警告不能再行淫祀。济南境内的淫祀现象，一时间销声匿迹。

　　尽管在曹操离任之后，济南地带依然盛行淫祀滥祭之风，后来成为天师道的温床，然而曹操对于济南吏治的有效整顿，对于当地淫祀之风的严厉打击，在青州民众间留下了极其深刻的良好印象；在汉献帝初平三年（192）四月，由部分青州民众转化而来的青州黄巾军，在给曹操的一封信函中，不无好感地提到了他在任职济南相期间的所作所为。据此完全可以断言：青州黄巾军在初平三年十二月集体投降曹操，及其此后为曹操的南征北战，是有历史渊源的，这一历史渊源，一方面就是着力禁断淫祀的曹操被青州黄巾军视为同道；另一方面就是曹操的为官风范感化了老百姓，被老百姓认为是可以将自己的前途命运相托付的好人。

　　就在济南各方面都处于好转的时候，奇怪的事情发生了。曹操突然辞去济南相的职务，请求回到洛阳担任宿卫，实际上是要求赋闲。朝廷以他为议郎，他表面上接受，实际上不去上班，常常装病。中平二年（185），朝廷让他做东郡太守，曹操不仅没有答应，相反连议郎也不肯做了，推托有病，再一次回到了谯县老家。

　　对于曹操的突然离职，史书中有很多解释，但都互相矛盾。曹操自己也作过说明，在《让县自明本志令》这篇文章中，曹操说他之所以要辞职回乡，是因为他在济南国的所作所为，既招致了当地豪强的怨恨，也得罪了朝中当权的宦官，为了避免连累家人，所以辞官不做。不过，曹操这个解释，存在着两个问题：一是依曹操做事的方法，烧了两把火的后果，他是会做过一些预想的。他之所以敢这样干，也就是说他不惧怕这个后果。第二，曹操在出任济南国相的时候，恰恰是他的父亲曹嵩正在走红的时候，曹嵩出钱一亿，得到太尉之职，位列三公。有曹嵩撑腰，曹操完全不必有这样的顾忌。

实际情况可能是，曹操当时出任济国相，大刀阔斧搞改革，是想求得更大的名声。不料名声是有了，忌恨却是更多，这对将来的发展颇为不利。在地方上做得再好，毕竟是"能臣"角色，非他所愿。辞官回乡，再图发展，这可能是他当时的设想。果然仅过了一年，在谯县老家过着春夏读书、秋冬射猎日子的曹操，被征为都尉。

这又是怎么回事呢？

黄巾起义主力被镇压不久，金城（今兰州）人边章、韩遂起兵反叛，并率兵数万进攻长安，侵逼刘氏皇陵。汉廷派了好几批军队，才将边章、韩遂打回金城。中平三年（186）冬，韩遂杀死边章，并进攻陇西。陇西太守李相如不仅不战，反而与韩遂连和。凉州刺史耿鄙的属下扶风人马腾也凑个热闹，树起了反旗，起兵响应韩遂。一时间，天下骚动，朝廷震恐。在这种情况下，汉廷网罗人才，这才征召曹操为都尉。

灵帝中平五年（188）六月，冀州刺史王芬勾结汝南人陈逸、南阳人许攸、沛国人周旌等人，同时联络了一些地方豪强，企图利用灵帝北巡河间国（隶属于冀州刺史部）之机，发动政变、废黜灵帝，改立合肥侯为皇帝。《三国志·武帝纪》说，曹操当时也受到邀请，但他拒绝入伙，并且规劝王芬等人不要玩火自焚。结果正如曹操所预料的那样，这次政变胎死腹中，王芬自杀。司马彪《九州春秋》解释说，导致政变流产的原因是：灵帝接受了太史"当有阴谋，不宜北行"的建议，临时取消了北巡河间的计划。

我们怀疑：这次政变的流产，很可能是曹操告密的结果，要不就很难解释，一个小小的都尉凭什么资格一下子就能进入新成立的军事机构的领导班子，做了"西园八校尉"中的典军校尉。要知道，曹嵩刚刚在这年四月被罢免了太尉职务，告老还乡，当时的曹操，已经失去了强有力的政治靠山。

不管怎么说，曹操一举成了东汉皇室核心武装的重要将领，这使他在仕途上又迈出了重要一步。曹操在《让县自明本志令》中说，他本来的愿望只是想做一个郡太守，好好地为老百姓做些实事，而现在的身份却是手握兵权的西园典军校尉。在这个位子上，曹操将面对什么局面，他又会如何应对呢？

第三章

陈留起兵

成立于中平五年八月的"西园军"，以灵帝最宠幸的宦官蹇硕为统帅（具体职位是上军校尉），在其中担任领导职务的，除了曹操之外，还有曹操的老朋友袁绍为中军校尉，也就是副统帅。

"西园八校尉"的设置，固然与京师卫戍部队"五校尉"的日渐衰落有关，实际上却是灵帝防范和抑制大将军何进的产物。

何进出身微贱，他的父亲何真本是南阳郡宛县（今河南南阳市）的一个屠夫。由于同父异母的妹妹入宫，进而受宠被选为贵人，何进从此弃商从政。光和三年何贵人被立为皇后之后，何进更是平步青云，先后担任侍中、河南尹等要职；中平元年，被任命为大将军。

尽管灵帝设置"西园八校尉"的目的是抑制大将军何进与日俱增的权势，但这一目的显然没能达到，因为真正敢与何进对着干的，只有上军校尉蹇硕。

何进与蹇硕之间的明争暗斗，在灵帝重病以及死亡之时趋于白热化。斗争的核心问题，就是究竟该由哪个皇子继承帝位。

何进当然主张自己的妹妹与灵帝所生的刘辩继承皇位，这并不仅仅因为刘辩是灵帝的嫡长子，更主要的是因为刘辩是他的外甥。

蹇硕则针锋相对，主张由灵帝的爱子刘协入登大宝。灵帝本人也是这个意思。他曾经以"轻佻无威仪，不可为人主"这样的话评价刘辩。更重要的是，蹇硕明白：一旦刘辩做了皇帝，他既有的权位都将化为乌有。

在这场政治斗争中，蹇硕得到了灵帝母亲董太后及董太后侄子骠骑将军董重的暗中支持，因为董太后是刘协的抚养者；站在何进这一边的，除了何皇后及其兄长车骑将军何苗之外，还有以袁绍为代表的官僚士大夫阶层。

与东汉一代的其他显赫的外戚家族不同的是，南阳何氏充其量只是一个通过小本经营而发家致富的商人家庭，本来就缺乏与官僚士大夫的有机联系，更何况何氏家族在政治上的发迹，主要得益于宦官当权派的鼎力相助，因而在相当长的时期内，何进比较亲近张让、段珪等宦官，而与官僚士大夫阶层保持着相当的距离。

由于当时政治斗争的需要，何进的这种情感倾向和政治取向，大致从中平五年开始发生了重大的变化，转而着力改善与官僚士大夫的关系，以期壮大声势和实力，与蹇硕一决雌雄。与此同时，深受党锢之祸危害的官僚士大夫阶层，早就痛恨宦官专权，眼见何进与蹇硕势不两立，也就很乐意与何进结成联合阵线。于是，袁绍、袁术、庞纪等人纷纷步入何进幕府，为何进出谋划策。

正因为如此，这场皇位争夺战很快就分出了胜负：四月，刘辩登基，做了东汉帝国的第十二任皇帝，史称少帝（189）。随后，何太后临朝称制，大将军何进和袁绍的叔父、太傅袁隗，以录尚书事的身份共同辅政。一时间，宫廷内外的形势陡然变得极端不利于蹇硕，而且何进已经把铲除蹇硕提上了议事日程。

蹇硕在惶恐不安之余，转而谋求联合中常侍赵忠等宦官，共同对付以何进为首的外戚与官僚士大夫的联合阵线。但是，令蹇硕万分痛苦的是：赵忠等人一则出于对他个人的刻骨忌恨（因为蹇硕后来居上，抢夺了他们的权势），二则因为与何进有着非同寻常的亲密关系，竟然置宦官集团的整体利益于不顾，最终出卖了他。于是，何进在赵忠等人的帮助下，当月就轻而易举地逮捕并诛杀了蹇硕，从而完全控制了朝政。

董太后是个不甘寂寞的女人，她当初之所以愿意抚养刘协，说白了其实就是政治投机。不过，董太后虽有政治野心，却明显缺乏政治经验，不但不懂得在劣势下如何化险为夷、保存自己，反而还咄咄逼人地与何进争权夺势，这就逼得何大将军朝她挥起了屠刀。少帝即位后的第二个月，也就是五月，何进将董太后赶出皇宫，接着又剥夺了董重的领兵权。

不过，官僚士大夫阶层并不满足于仅仅打倒蹇硕，他们的奋斗目标，就是彻底铲除宦官群体，因而极力劝说何进趁热打铁，把打击对象扩大到整个宦官集团。

作为大权在握的执政者，何进未尝不想治理好国家，然而，他既不是恢廓有术的政治家，也没有理乱治纷的实际才干，因此，他不但没能遏制住东汉衰败的颓势，反而在事实上加重了汉末的统治危机。何进最大的政治错误，就是听从了袁绍的馊主意，竟然想一锅端掉皇宫中所有的宦官，从肉体上加以彻底消灭。

袁绍这个人，虽然是名动天下的汝南袁氏家族的成员，可他的出身有些问题。他是袁逢的私生子，后来过继给了伯父袁成；袁成又死得早，所以袁绍原本并不具备继承袁氏家族精神财富的资格。袁绍后来之所以能够成为袁氏家族的代言人，很大程度上是出于个人的自强不息。竭力把自己打扮成举世无双的大孝子、拼命结交著名的党人（譬如何颙），是袁绍从私生子升格为海内名士的两大法宝。

同当时的大多数士大夫一样，袁绍在政治上患有严重的"左派幼稚病"。他近乎偏执地认定：宦官的弄权是政治生活中一切罪恶的根源，铲除这一毒瘤是拨乱反正、革新政治的当务之急。

在袁绍的鼓动下，何进产生了诛杀宦官的冲动，并且进宫向临朝称制的何太后请示。结果是，何太后断然否定了这个提议。

何太后予以反对的理由很充分也很合理：宦官既是宫廷内外不可或缺的联结，也是宫闱之中不可替代的角色。当然，何太后也有不便明说的，却是更为关键的原因，那就是：假如当初没有张让、赵忠等宦官的鼎力相助，就不会有何氏外戚的产生与存在。

事实上，这种特殊的关系不但左右了何太后的态度，而且对何进也有着不容低估的影响，使他无论如何也不可能像袁绍等人那样，对整个宦官集团恨之入骨。因此，当何太后一提出反对意见，何进即刻打消了将宦官们一网打尽的念头，改而打算仅仅诛杀几个代表性的人物。当然，何进的让步除了不敢悖逆何太后的意向外，还有更深一层的因素，即平民出身的他，尽管已经大权在握，却尚未完全克服与生俱来的畏缩心理，又缺乏深厚的权势根基，因而面对盘根错节的宦官集团，不免有些气怯。

但袁绍并不甘心他的"救世护国"谋略就此化为泡影，于是又想出了一个自以为妙不可言的"高招"。他建议举棋不定的何进，立即征调董卓等将领率部进京玩兵谏，逼迫何太后放弃对宦官的庇护。

对待袁绍的这个动议，曹操大不以为然。他的观点非常明确：

第一，宦官群体的存在，实有不得不如此的理由，对于当前的政治衰坏，宦官固然负有不可推卸的责任，但问题的关键，还在于无能（或不作为）的君主对他们的过分依赖。

第二，并非所有的宦官都是劣迹斑斑的祸国殃民者。确认宦官是万恶之源的观点，绝不是对社会政治机制清醒认识的结果。

第三，如果对政治的革新必须从打压宦官开始，那么，整顿宦官队伍，清除其中害国蠹政的元凶罪魁，就足以完成对当下政治的拨乱反正，而根本没有必要大动干戈。

第四，一旦兴师动众，很可能使组织涣散的宦官群体在共同的旗帜下重新集结起来，届时很难让人对最终结果抱乐观态度。

需要指出的是，曹操对袁绍的非议，并非因为他的祖上也是宦官，进而具有难以割舍的"恋阉情结"。所有愿意以平常心态探究汉末政治危机的人们，都持有与曹操相同或相似的立场，如侍御史郑太、尚书卢植等，都是坚决反对借助外力诛除宦官。遗憾的是，何进几乎是不假思索地全盘接受了袁绍的动议。这一方面是何进的政治智商明显低劣，另一方面这位外强中干的大将军，内心深处非常渴望有一种强力，帮助他应付目前的困难局势。

于是，在何大将军的秘密邀请下，董卓、丁原、桥瑁等悍将骄兵，陆续集聚于京师洛阳附近。但出乎何进、袁绍意料之外的是，何太后并未因此改变当初的立场；与此同时，何苗又提醒他的兄长应该饮水思源，立即悬崖勒马，与宦官和解。

何进因此犹豫不决，一度传令董卓即刻停止向京师进发。但可笑的是，没过多久，他又在袁绍的鼓动下再度变卦，不但任命袁绍、王允这两个反阉斗士分别就任司隶校尉、河南尹，以加强对京畿地区的控制，而且授予袁绍以"假节"等专命独断的特权。

走投无路的宦官们，不能不为自己的生存而奋力抗争，这种抗争无可非议。何进也由于袁绍的胡搅蛮干，因而别无选择，不得不将诛灭宦官集团的斗争进行到底。

事情的结果是，如同曹操所料，董卓还未到京，何进就被宦官们用非常粗糙的手法杀掉了。宦官们虽然做掉了对他们恩将仇报的何大将军，却也未能笑到最后。在袁绍、袁术及何进部属的疯狂报复下，手无寸铁的宦官们，不是陈尸宫中，就是投河自尽，几乎无一幸免。至此，长期困扰东汉帝国的宦官、外戚交替专权问题，总算得到了彻底的解决。

然而，以袁绍为代表的官僚士大夫们，在此期间所表现出来的歇斯底里，充分显示出这一社会阶层不但已经无力胜任扶大厦于将倾的角色，而且实际上已经蜕化成了社会的破坏力量。导致东汉帝国走向没落的原因，固然不一而足，但官僚士大夫阶层的成事不足、败事有余，应是其中的因素之一。

某种程度上说，临洮（今甘肃岷县）人董卓是东汉末年仅有的几个善于把握历史机遇之人中的一位。曾几何时，他不过是一个小小县尉的次子，最终竟然成了叱咤风云的铁腕人物，这在讲究出身门第的当时尤其难得。要不是后来身败名裂，董卓应该是东汉一代由草莽武夫成长为政治领袖的样板人物。

在董卓的一生中，凉州刺史成就是他第一个应该感谢的人，要不是成就赏识并提拔他为凉州从事，让他带兵讨伐羌、胡，就不可能有董卓日后的飞黄腾达。

起兵反叛于凉州的边章、韩遂等人，是董卓第二个需要感谢的，正是在讨伐边章、韩遂等人的叛乱中，董卓不但最终组建了他的以羌人和羌化汉人为班底的凉州兵团，而且从此成为朝廷瞩目的地方军阀。

董卓最后需要感谢的，是后来与他为敌的袁绍。正是在袁绍的一再鼓动下，大将军何进才以朝廷名义密召前将军董卓、东郡太守桥瑁、武猛都尉丁原等人进逼京师，以武力胁迫何太后同意铲除宦官的计划，而这恰好给了羽翼丰满的董卓以可乘之机。

中平六年（189）八月，就在外戚、宦官两大势力拼得鱼死网破之际，驻扎在洛阳郊外的董卓闻风而动，与被宦官劫持在外的汉少帝一行，迎面相遇于今河南洛阳市北的北芒山。董卓打死或打散了宦官，将汉少帝等人护送回宫，因此得以插手朝政。

董卓虽然貌似愚钝，却极有心计和才干，否则，就不可能仅以区区三千人马，使天子形同木偶，让百官噤若寒蝉。专权之初的董卓，有着高超的政治手腕，懂得如何建立自己的威信，懂得如何摆平政治局面。他一方面为陈蕃、窦武等"党人"领袖昭雪平反，并立祠堂加以祭祀，一方面起用蔡邕等名士以收揽人心。蔡邕本来不想替董卓装点门面，但他刚刚试图加以拒绝，董卓就阴险地告诉他："我能杀人！"蔡邕只好屈服，屈服之后的蔡邕一月内被升了三级。由此可见，董卓绝对不是一个简单的武夫。

董卓废掉少帝刘辩、改立陈留王刘协的行为，常被认为是企图建立董家天下的一个重要步骤。不过，这种理解可能有误，至少在《三国志》及《后汉书》董卓本传中，并无有关董卓图谋不轨的记载。我们倾向于董卓此举既与改朝换代无关，也并未存心废昏立明，而是着眼于巩固和扩大自己的政治权势；但其结果，不仅给予政敌以强有力的借口，而且令人寒心，这无疑是他一生之中最大的失误。曹操也正因此断然拒绝了他的荐举，愤然离开京城洛阳，走上了公开决裂、武力对抗的道路。

需要指出的是，董卓虽有才华，却严重缺乏政治家的头脑和胸怀；他迷信武力，滥施淫威，全然不明白人心向背的重要性，从根本上忽略了长期执政所需要的社会基础。尤其是他居然纵容甚至支持手下将帅公然侵入官府民宅抢劫财物、奸淫妇女，这就几乎完全消耗掉了其统治的正当性。

董卓在大权独揽之后所犯下的第二大错误，就是将韩馥、刘岱、孔伷、张邈和张咨分别外放为冀州牧、兖州刺史、豫州刺史、陈留太守和南阳太守；以汉献帝的名义任命流亡在外的袁绍为渤海太守，更是错上加错。

董卓让袁绍等人出任州郡牧守的举措，不仅是搬起石头砸自己的脚，而且进一步助长了地方割据势力的膨胀，从此覆水难收，统一的东汉皇朝最终因此寿终正寝。从这个意义上可以说，董卓是东汉皇朝的终结者。

坚决反对董卓的肆行废立，然后离开京城，充其量只是袁绍的一次华丽的作秀，因为对袁绍来说，与其索然寡味地在朝廷做政治花瓶，还不如远走高飞，另谋出路。在这种情况下，董卓给袁绍封官加爵，显然极不明智。此后，正是袁绍四处串联，最终在汉献帝初平元年（190）正月，树起了声讨董卓的大旗。

初平元年先后兴兵声讨董卓的关东诸侯，除了袁绍，还有后将军袁术、冀州牧韩馥、豫州刺史孔伷、兖州刺史刘岱、河内太守王匡、东郡太守桥瑁、山阳太守袁遗、济北相鲍信、陈留太守张邈和广陵太守张超（张邈之弟）。而且，刘岱、孔伷、张邈、桥瑁、张超等人还齐聚酸枣（今河南延津西南），歃血盟誓，一致推举并不在场的袁绍为盟主。

有人说，袁绍的被推举为盟主，得益于其"四世三公"的显赫门第，这种推论似是而非，因为嫡出的袁术显然比庶出的袁绍更有资格继承袁氏家族的无形资产。实际上，袁绍之所以能够成为盟主，一则因为他曾经跻身于朝廷的权力核心区，由此拥有较高的社会声望，二则因为他是第一个对董卓公开发难的人，三则因为袁绍本人也有这方面的强烈欲望。

参加讨董联盟的，还有曹操、孙坚等人。曹操自从灵帝中平六年九月离开京城之后，就向东潜逃到了陈留郡（今河南开封境内）。在好友陈留太守张邈及当地名士卫兹的支持和资助下，在陈留、襄邑（今河南睢县境内）一带积极招兵买马，暗中准备声讨董卓。在此期间，他的亲族和同乡曹仁、曹洪、曹休、曹真、夏侯渊、夏侯惇等人，也纷纷从谯县赶来从军。曹操最终召集到了五千人马。

曹操虽然积极参加了酸枣会盟，但由于既不是朝廷命官（典军校尉的职务自然因为他的逃亡而被罢免，他这时其实是通缉犯），也没有属于自己的地盘，而且名下部众又少得可怜，因而在联盟中的地位不高，隶属于张邈，被袁绍任命为代理奋武将军。

从九月份逃离洛阳，到十二月起兵陈留己吾（今河南宁陵西南），曹操只花了短短的三个月时间。五千人，这是曹操最初起家的本钱。

那么，这五千人在讨董运动中到底起到了什么作用？曹操又是如何使用他们的呢？

第四章

兵向何处

从与董卓决裂到陈留起兵，曹操所做的事便是东逃、散家财、合义兵。其中发生的一件事被后人演绎成曲折离奇、跌宕起伏的一幕大戏。这到底是怎么回事？历史的真相又是如何呢？

董卓对曹操其实是很赏识的，也有意加以重用，因此上表推荐他做骁骑校尉，然而，曹操却不愿意和他合作，断然拒绝接受委任状，和袁绍一样逃离了京城。

曹操的出奔是被通缉的，至于为什么被通缉，而且逃跑的时候为何连家里人都来不及通知，史书不曾交代。

《三国演义》第四回《废汉帝陈留践位 谋董贼孟德献刀》，给曹操慌里慌张地离开洛阳并遭到通缉，安排了一个理由。说曹操向司徒王允求得宝刀一口，前往相府伺机行刺。进到了董卓内室，与董卓谈了没几句，董卓由于身体过于肥胖，不耐久坐，便侧身而卧，脸面朝内。此乃天赐良机！曹操拔刀欲刺，不料董卓于镜中看见，回身惊问，曹操连忙跪下，诡称献刀，竟也骗过董卓。趁赶到室内的吕布与董卓欣赏宝刀之际，曹操急忙逃出，飞马而去。

这虽然只是小说家的推测和安排，但似乎并不能完全排除类似这种突然事件发生的可能性，否则难以解释曹操为什么走得那么匆忙。

同一时间，袁术专程跑到曹操的家里，向尚留在洛阳的卞夫人散布曹操已被董卓干掉的流言。

正因为是通缉犯，曹操的这次出奔相当狼狈，不但不敢走通衢大道，甚至还为此改换了姓名。

王沈的《魏书》记载说，曹操和他的亲随在逃亡途中，路过成皋（今河南荥阳汜水镇）时，前去拜访故友吕伯奢，很不巧，吕伯奢刚好有事外出不在家。这时，不成器的吕公子，竟然伙同他的朋友，企图抢劫曹操一行的马匹和行李，结果做贼不成，反而做了曹操的刀下之鬼。

郭颁的《魏晋世语》与王沈《魏书》所记大相径庭。它说当曹操投宿在吕家时，尽管吕伯奢不在家，他的五个儿子却很有礼貌地接待了父亲的老朋友。问题在于曹操对吕公子们给予盛情款待的用意很表示怀疑，于是断然采取先下手为强的策略，当夜就结果了吕家的八条性命，然后逃之夭夭。

孙盛的《杂记》，赞同《魏晋世语》的说法，并作了两点补充：一是吕家兄弟收拾食器时，杯盘相碰发出的声音，被曹操误认为是兵器相碰的声响；二是当曹操发觉错杀吕家兄弟后，虽然不无悔意，却还是凄怆地说："宁我负人，毋人负我。"

对于上述三种记载、两类说法，大多数史学家认为《魏书》的记载不可信，一个理由是作者王沈曾经是曹魏的大臣，虽然后来做了西晋的司空，但在情感上仍然倾向于曹操，当然要为曹操曲笔回护；另一个理由是逃亡途中的曹操，根本没有什么值钱的东西可供抢劫。

不过，这种观点虽不无道理，却很难令人信服。王沈的《魏书》固然有可能曲笔回护，但也不能保证郭颁、孙盛两人一定会据事直书（尤其是孙盛，他的人品是出了名的坏）。另外，有资料间接显示：曹操在逃离京城的时候，确实携带了大量的财物，这部分资金后来被他用作活动经费，在陈留郡招兵买马。

其实，很难断定上述两类说法哪一类更接近史实。如果《魏书》的记载是事实，那么曹操的杀人，在性质上属于正当防卫或防卫过当，吕公子死有余辜；如果《魏晋世语》《杂记》的记载是事实，那么曹操的行为系误杀无辜，但也情有可原。

我们大体上可以肯定的只是：曹操行经成皋时，确实在吕伯奢家投宿过，也许真的杀了吕伯奢的家人。至于他是否说过"宁我负人，毋人负我"之类的话，难以考证。

曹操离开吕家后，继续向东逃到今日河南省的中牟县境内。曹操大概因为刚刚杀了人，因而难免行色慌张，这就引起了当地一个责任心很强的亭长的怀疑，然后曹操被当作逃犯，押送到县衙内加以拷问。当时，中牟县府已经收到了董卓下发的通缉令和曹操的画影图形，所以该县主管文书的功曹一眼就认出了曹操，但这个名不见经传的功曹，很可能对董卓的倒行逆施心怀不满，因而不但没有把曹操押到京城邀功请赏，反而在请示县太爷之后（史书不曾交代这个县令的姓名），立马释放了曹操，曹操也因此得以流亡到陈留郡，拉了一支队伍，准备起兵声讨万恶的董卓。

有关曹操的这段逃亡经历，各类史书的记载大抵如此。不能不佩服罗贯中的艺术想象力，出于渲染曹操奸诈残忍本性的需要，紧紧抓住曹操误杀吕伯奢家人一事，绘声绘色地改编出陈宫捉放曹操的故事；他所编排的这一情节，后来又被搬上舞台，演绎成了京剧名戏《捉放曹》。

《三国演义》说，曹操在中牟县被捕之后，身为县令的陈宫，因为曾经在洛阳见过曹操一面，所以很快就确认眼前这位自称复姓"皇甫"的客商正是董丞相悬赏缉拿的要犯。他在听取了曹操的慷慨陈词之后，认为曹操是个难得的忠义之士，不但肃然起敬，而且毅然挂印弃官，决心追随曹操为国除害，当夜就与曹操一道奔赴曹操的老家谯县。

三天后的傍晚时分，路过成皋的曹操，领着陈宫，前去他父亲的拜把子兄弟吕伯奢家中投宿，受到了热烈的欢迎。一阵寒暄之后，吕世伯起身去西村打酒，以便招待客人。不一会儿，从吕家的后屋传来霍霍磨刀的声响，曹操于是凑近偷听，只听得屋里有人说："绑起来再杀，怎么样？"因此怀疑吕家企图暗算他俩，于是决定先行下手，和陈宫冲入屋内，连杀了吕家男女八口。但杀完之后，在厨房间看到一头被绑待宰的猪，这才意识到刚才误杀了好人，于是夺门而出，逃离了凶杀现场。在村外，两个人恰好碰到打酒买菜归来的吕伯奢。让陈宫始料不及的是，曹操不但将错就错，挥剑砍死了他的吕世伯，而且居然振振有词地宣称："宁教我负天下人，休教天下人负我。"陈宫由此看透了曹操的为人，他在痛心疾首之余，一度想趁曹操熟睡之机，结果这个狼心狗肺的家伙，却又觉得杀之不"义"，于是悄然离去，从此和曹操分道扬镳。

故事虽然精彩，但有两个问题需要加以说明：第一，成皋地处洛阳之东，中牟又在成皋的东面。急于向东赶路的曹操，绝不至于在抵达中牟之后，再返回到成皋；按理说，他应当先到成皋吕家，然后才行至中牟。第二，陈宫究竟从何时开始成为曹操的部将，不得而知，很可能是在献帝初平二年（191）七月曹操就任东郡太守之时。也就是说，那个时候，曹操与陈宫还不认识。因此，捉放曹是一则故事，却不是历史。

我们还是把视线放到历史上来。初平元年二月，董卓不顾司徒杨彪、太尉黄琬等人的坚决反对，强行迁都长安。西迁的原因是：第一，他一方面感受到了关东联盟的压力，另一方面，郭太领导下转战于太原、河东一带的白波军，也对洛阳形成了一定的威胁，为了避免可能的腹背受敌，因而决意后撤，以便据险守要；第二，他虽然控制了朝政和驻京部队，却也不能不担心这些非嫡系部队是否忠诚于他。权衡之下，将政治机构回撤到距离凉州老巢较近的长安自然是更为保险。

仅就纯军事的角度而论，董卓此举还算得法，但从政治角度来说，既有些示敌以弱的嫌疑，也不利于鼓舞士气。至于强迫民众西迁及焚毁洛阳城，同样利弊参半。它固然达到了不给敌人以任何物质、人力支持的目的，却也导致了朝野上下的怨声载道。最值得董卓检讨的是，他不该指使吕布掘坟盗墓，因为这种强盗行径极大地破坏了他的形象。曹操在《薤露行》一诗中，更将董卓视为荡覆汉室基业的乱臣贼子："贼臣持国柄，杀主灭宇京。荡覆帝基业，宗庙以燔丧。播越西迁移，号泣而且行。瞻彼洛城郭，微子为哀伤。"

从此后的事态发展来看，董卓显然过高地估计了关东联盟的凝聚力和战斗力。就在董卓西迁之际，袁绍屯兵河内（郡治在今河南武陟西南），桥瑁、刘岱、张邈等人合驻酸枣，袁术、孔伷、韩馥则分守鲁阳、颍川、邺县，他们各自拥兵数万，却始终按兵不动，坐视董卓从容西迁。

实际上，他们中的绝大多数对讨董救国运动意兴阑珊，根本不想也不敢与凉州兵团正面交锋，其真正的意图，不过是借此为自己的称兵割据披上一层合法的外衣。

联盟中真正想打敢打会打的，只有曹操、孙坚两人而已。

曹操这时对反董事业无限忠诚，一心想打进洛阳去。在他看来，当前正是兴师问罪、进而消灭董卓的最佳时机，因而慷慨激昂地极力主张趁机追击。但盟军上层只管吃酒作乐，不理睬他。于是，曹操毅然决然地采取单独行动，向前线进发。不同程度地给他的这一勇敢行动予以支持的人，除了济北相鲍信及其兄弟鲍韬之外，还有曹操的顶头上司陈留太守张邈。张邈让卫兹带上部分兵力随他西征成皋（今河南荥阳氾水镇）。

曹操行至荥阳附近的汴水岸边，正好与董卓部将徐荣狭路相逢。由于双方实力对比过于悬殊，而且曹操的部队又缺乏作战经验，因而在这场遭遇战中，被训练有素、久经战阵的凉州兵打得溃不成军，不但鲍信挂彩，卫兹和鲍韬阵亡，曹操本人也被乱箭射中，胯下坐骑受伤不能动弹，要不是堂弟曹洪伸出援手，很可能就"壮烈牺牲"了。然而，曹操虽败犹荣，这不仅是因为汴水之役为关东联军与董卓部队的第一战，而且这次过招，让徐荣心有余悸，得胜之后竟然不敢向前推进，挑战驻守在酸枣的联军主力部队。

可悲的是，当曹操在前线浴血奋战之时，盟军高层却坐拥十多万大军而不思进取，天天在酸枣宴饮作乐，忙得不亦乐乎。铩羽而归的曹操，见此情形虽然不免忧愤交加、痛加指责，但还是希望盟军高层能及时改弦更张，同仇敌忾，全力讨伐董卓的倒行逆施，并将自己酝酿已久的兵分三路的攻敌计划和盘托出：一路由盟主袁绍亲自挂帅，进军黄河北岸的孟津；一路由酸枣诸将联合行动，攻占黄河南岸的成皋、敖仓（今河南荥阳东北），同时封锁轘辕（今河南偃师东南）、太谷（今河南洛阳东南）两关；另一路则由后将军袁术率领，从南阳挺进武关（今陕西商南西北），威胁"三辅"（也就是长安及其附近地区）。此外，曹操还详细阐述了据险、示势、设疑、引而不发等战略主张。

但是，桥瑁等老油条，对曹操的精心规划置若罔闻，依然我行我素，不愿为伐逆一事费神劳心。而且，这批家伙隔三差五置酒高会，不但没能增进友谊，反而滋生出许多的矛盾冲突。刘岱、桥瑁两个人更为恶心，先是拳脚相向，然后兵戎相见，结果桥瑁还"来不及"为国家的讨董大业捐躯疆场，就被盟友送入黄泉，真是滑稽至极！

至此，在持续了几个月的虚张声势之后，酸枣盟军的讨逆运动，随着各路人马的自行散伙，终于无疾而终。

曹操未曾目睹盟军内讧的闹剧，当时的他在极度失望之余，己经离开酸枣，带着曹洪和夏侯惇南下扬州招募士卒，以期重整旗鼓。在此期间，扬州刺史陈温和丹杨太守周昕看在曹洪的面子上，给了他几千兵，曹操一共招募到四千多兵力。但是，大多数士兵大概不想远离家乡北上讨逆，因而行至龙亢县（治所在今安徽怀远西北龙亢集），趁着夜色突然发动了兵变，放火焚烧曹操的营帐，要不是曹操应对有方，很可能遇害身亡。事后清点，原本四千多人的部队只剩下五百人。恰在这时，曹洪带着家兵千余人赶到龙亢与曹操会合。于是继续北上，在行经铚县（治所在今安徽宿县西南）、建平侯国（治所在今河南夏邑县西南马头寺）时，又先后招募到一千余人。

曹操后来在《让县自明本志令》中提到，他在初平元年南下募兵期间，之所以只招到三千多人，是因为"本志有限"。但从实际情况来看，这话显然不对。其根本原因就在于：当时很少有人甘愿冒着生命危险，追随势单力薄的曹操去造政府的反，因为曹操这时仍然是通缉犯。

曹操没有再回到酸枣，而是带着三千人左右的部队，渡过黄河，投奔驻扎在怀县（治所在今河南武陟西南）的袁绍，打算鼓动袁绍出兵讨伐董卓。但令曹操失望的是，袁绍不但无意与董卓对阵交锋，反而在初平二年正月暗中与韩馥策划另立朝廷，拥戴幽州牧刘虞为帝。他们的借口是：汉献帝不过是董卓拥立、操纵下的傀儡，既不是合法的继承者，至今又不知生死；而宗室刘虞年长懂事，是合适的、理想的皇帝人选。

袁绍的借口虽然冠冕堂皇，却论据不足，而且居心叵测。汉献帝的登基固然是董卓一手操纵的结果，却也得到了何太后的首肯和朝野上下的普遍承认，具有不容置疑的合法性；至于袁绍企图拥立刘虞的用意，更是不言自明。

因此，不但刘虞本人坚决拒绝了袁绍等人的意见，曹操、袁术等人也断然否定了袁绍的动议，拒绝与他同流合污。曹操分析说：年幼的皇上固然是董卓控制下的傀儡，但从未犯过破坏汉家制度的过错，如果不予承认，转而另立他人为帝，势必造成更大的混乱，局面也将更加难于收拾。最后，他明确表达了自己的政治立场："诸君北面，我自西向。"就是说，即便你袁绍真的拥立了刘虞，我曹操也只承认身陷长安的汉献帝为天下的共主。

让曹操痛心的是，身为盟主的袁绍，始终无意讨伐董卓，却奋力于争夺地盘，侵犯盟友。在袁绍的威逼利诱下，初平二年七月，无能的韩馥将冀州拱手相让，不久之后又被迫自杀。韩馥的下场，使曹操彻底认清了袁绍的嘴脸，也意识到讨董救国运动的无望，于是，孤掌难鸣的他，采纳了鲍信"自立门户"的建议，决定先向黄河以南发展势力，以等待形势的变化。

机会很快就来了。就在这年（初平二年）秋天，黄巾军余部黑山军十余万人攻略袁绍名义下的魏郡（治所在今河北磁县南），以及徐州的东郡（治所在今河南濮阳西南），来势凶猛，不但将东郡太守王肱打得落花流水，而且严重威胁到冀州的安全。于是，曹操欣然接受袁绍的派遣，前去抵挡，并在濮阳大败白绕所领的黑山军，因此被袁绍上表推荐为东郡太守，从而开辟出以郡治东武阳（今山东莘县南）为中心的根据地。也就是说，曹操有了自己的一小块地盘。

初平三年四月，青州黄巾军以百余万之众攻入兖州地界，首先斩杀了任城（今山东济宁南）国相郑遂，而后又转攻东平国（今山东东平县东）。这时，济北国相鲍信，建议兖州刺史刘岱采取"坚壁清野、防守反击"的对策，但平庸的刘岱根本听不进去，不自量力地贸然出击，结果战败被杀。

鲍信乃泰山郡平阳县（今山东新泰）人氏，在何进柄政期间，被任命为骁骑都尉；初平元年正月，又以济北相的身份，参加了讨董联盟。鲍信很善于识人，不但最早建议袁绍趁董卓立足未稳之机加以剪除，而且在初次与曹操谋面之后，就认定曹操是唯一能够拨乱反正的大英雄，从此倾心结交，既为之出谋划策，更与之共进共退。

刘岱死后，东郡人陈宫眼见曹操最有可能继任兖州牧，就抢在鲍信之前，毛遂自荐，为曹操做说客。既有本地名人陈宫的奔走呼号，又有地方实力派鲍信的坚决支持，本人也有成功抗击黄巾军的经历，诸如此类，使得曹操成为处于黄巾军直接威胁下的兖州各阶层至少暂时可以接受的最佳州牧人选。于是，鲍信和"州吏"万潜等人特地跑到东郡，恭迎曹操来做代理的兖州最高军政长官（代理兖州牧）。

兖州是东汉十三部刺史之一，不但地域广大（下辖陈留、山阳、济阳、泰山等五郡，以及城阳、济北、任城、东平四国），而且战略位置相当重要（东接青州、徐州，西连豫州，北通冀州，南靠江淮）。

曹操走马上任后，立即和鲍信组成联军，主动出击，与青州黄巾军会战于寿张（今山东东平西南）东境。战斗进行得相当漫长、艰苦，亲密战友鲍信就在这次会战中为保护曹操而不幸阵亡，战后居然连尸体都没能找到。不过，一则由于曹操"思想政治工作"做得及时到位，战术运用得当，二则因为黄巾军对曹操也有所敬畏，因此，尽管过程漫长而艰苦，且互有胜负，但曹操还是勉强地取得了寿张会战的最后胜利。

据王沈《魏书》记载，在会战期间，青州黄巾军曾经写信给曹操，宣称"汉行已尽，黄家当立"是"天之大运"，希望曹操不要再执迷不悟，不要再为拯救注定亡国的东汉皇朝做徒劳的努力。信中还提到曹操"昔在济南，毁坏神坛，其道乃与中黄、太乙同，似若知道，今更迷惑"，这句话尤其值得品味。它既表明曹操在任职济南国期间（济南国在青州刺史部监察范围之内）对于当地淫祀之风的严厉打击得到了青州黄巾军的赞赏（因为淫祀与他们所尊奉的太平道教义背道而驰），同时也暗示了青州黄巾军对曹操很有好感。

实际上，这种赞赏和好感，正是几个月之后（初平三年十二月）青州黄巾军主力部队在济北境内向曹操集体无条件投降（并非战败投降）的关键所在。

投诚后的青州黄巾军，连家属在内共计百余万人，其中三十万身强体壮者，被曹操整编成为具有相对独立性的"青州兵"；至于那些没有被吸收为军人的青州黄巾军成员，很可能从此被曹操组织起来，专心从事农业生产。

这时候的曹操已经不是两年前的曹操了。讨董救国的热血渐趋冷却，他知道天下大乱、军阀混战的局面已经不可避免，在这种局面下，首先要站稳脚跟，进而扩大地盘、发展地盘，没有足够的兵力是万万不行的。兵从何来？曹操的想法是：取敌以为己用。收编黄巾军就是这种思想的体现。

收编了青州兵，取得了兖州一带的控制权，又得到兖州一些地方兵的支持，曹操的脚跟算是稳固了。更令曹操欣喜的是，随着他的力量壮大，不少谋臣良将投奔到了他的麾下，其中有著名的荀彧、满宠、毛玠、程昱、乐进、于禁、李典、吕虔、典韦等等。

身任方面之重，而且手握重兵，此时的曹操名副其实地成为一方诸侯了。那么，他的下一步目标又是什么呢？

第五章

转战青徐

刚刚稳定了兖州的地盘，曹操马上就遇到了一件烦心的事。这时候，在长安的东汉朝廷由于兖州刺史刘岱战死，就任命一个叫金尚的人前来继任兖州刺史。因为曹操的兖州牧是自领的，朝廷不予承认。曹操得知这一消息，预先派兵到兖州边界迎击，金尚无法入境，跑到南阳投奔袁术去了。

　　可是，还没等曹操把这口气咽下去，袁术却派兵攻打他来了。

　　袁术是袁绍的弟弟。虽是弟弟，袁术是嫡出，袁绍却是庶出。汝南袁氏家世显赫，连续四代五人备位"三公"。史书对于早年的袁术，除了"侠气"和"飞鹰走狗"两条，别无其他的记载。这是因为出身名门正宗的他，根本不用像曹操那样，到处低三下四地恳请名士的垂爱和推举；他也无须像袁绍那般，别有用心地打着"四世五公"的招牌，天天挖空心思为自己培植名声。袁术大可以终日厮守在后花园，一边摆弄他的花拳绣腿，一边作为袁氏家族的代表，接受满天下门生故吏的恭维和巴结。

　　也正因为他的"根正苗红"，袁术一步跨越了袁绍守丧六年的煎熬，被察举为孝廉，此后又仗着他的家庭背景，仕途非常顺畅，还在董卓肆行废立之前，他就已经先后担任过郎中、折冲校尉、虎贲中郎将兼河南尹等职务。假如没有董卓之乱的发生，袁术即便无望列位"三公"，厕身"九卿"应当不在话下。

　　然而，董卓的盲动蛮干，既扰乱了朝政，也改变了袁术的政治命运乃至生活轨迹，他很快逃离洛阳，从此再也没有回来过。

　　距京城不远的鲁阳（今河南鲁山县），是袁术的第一个落脚点。他显然不是独自一个人出奔鲁阳，同行的还有他控制下的部队。

　　第二年，也就是献帝初平元年，屯守鲁阳的袁术时来运转。当时，长沙太守孙坚先是和荆州刺史王睿共同起兵，响应袁绍等人对董卓的声讨，不久就逼迫王睿自刎，接着又杀了不肯送军粮给他的南阳太守张咨，然后投靠袁术。于是，袁术不但占据了南阳，拥有了属于他的地盘，而且由于孙坚的归附，实力大增。

新任荆州刺史刘表，因此不能不尊重雄踞在他辖区之内的袁术，于是上表朝廷，保荐袁术为南阳太守。袁术当仁不让，立马就任南阳太守，并且上表保荐孙坚为破虏将军，领豫州刺史，同时派遣孙坚继续北上，开展讨伐董卓的军事行动。他自己则留在南阳，巩固并扩大自己的势力范围。

《三国志·袁术传》说，袁术在南阳期间，为了满足自己荒淫奢侈的生活，不顾民众死活，大肆搜刮民脂民膏，搞得民不聊生、怨声载道，南阳因此残破不堪。

在袁术着力经营南阳的同时，袁绍也占据了青、冀二州。身为讨董联盟的盟主，袁绍不但无意团结同志，居然还趁着孙坚屯据阳城（今河南登封县东南）与董卓军队作战的机会，派了他的部将会稽人周昂，前去抢夺孙坚名下的豫州。袁术虽然对孙坚不是很放心，这次却派兵协助孙坚打退了周昂，也因此得罪了袁绍。

袁绍不但敷衍对董卓的讨伐，而且秘密策划拥戴幽州牧刘虞做皇帝，另组一个他操纵下的朝廷。他的阴谋诡计，遭到了刘虞、曹操等人的明确反对，也没有得到袁术的响应。于是，兄弟俩反目成仇，各自思量着谋害对方。袁绍远交了荆州牧刘表，企图借助刘表的力量颠覆袁术在南阳的统治。袁术针锋相对，与幽州的公孙瓒结盟。

袁术还写信给公孙瓒，公然宣称袁绍不是他们袁家的骨肉。

于是，袁家兄弟的反目，演化成了两大阵营之间的决斗，争夺地盘是这次决斗的核心内容所在。站在袁绍这一边的，除了刘表，还有代理兖州牧曹操；支持袁术的，除了公孙瓒，还有徐州牧陶谦。

献帝初平三年，袁术、公孙瓒从南北两翼向袁绍、刘表发动了强大的攻势。在北翼，公孙瓒进据磐河（即般河，故道在今山东乐陵市境内），并且给朝廷上表，数说袁绍的十大罪状。公孙瓒的军队首战不利，在今河北威县北面的界桥失利，他所任命的冀州刺史严纲，也在这次战役中被生擒活捉。直到退守故安（今河北易县东南）之后，公孙瓒的部队才缓过神来，于是重整旗鼓，予以反击，在巨马水（今河南新城县东）大败袁绍军，然后乘胜追击，占领了青州的大部分地区。袁绍自然不甘心丢失他的青州，于是派了全部主力和公孙瓒死拼，双方一直拼到献帝兴平二年（195），袁绍才最终取得了决定性的胜利，在鲍丘（今北京通州区南）给了公孙瓒毁灭性的打击。

在南翼，袁术派了孙坚南征驻守襄阳的刘表。孙坚先胜后败，被刘表手下那位诡计多端的黄祖，用暗箭射死，孙坚的余部，在他侄儿孙贲的统率下，回到南阳见袁术，被袁术兼并。袁术同时扣留了孙坚的遗孀吴氏，逼使她交出孙坚在洛阳宫中捡到的传国玺。这块传国玺，据说是李斯为秦始皇所刻，玺上刻有"受命于天，既寿永昌"八字。刘表北上追击，进逼南阳，并切断了袁术的粮道。

袁术一直以来都是靠着孙坚的勇猛坐享其成，他本人虽然自幼喜好武事，但临阵指挥却不是他的强项，因此面对刘表的进逼，他被迫在初平四年（193）放弃盘踞多年的南阳，转入陈留郡境内，驻扎在陈留郡的封丘县（今河南封丘），并派部将刘详分兵驻守封丘东北的匡亭（今河北长垣西南），以为掎角之势。这个封丘，与曹操的大本营鄄城（今山东鄄城）相距不远。

陈留太守张邈是代理兖州牧曹操的好友，陈留则是兖州下属的一个郡（至少名义上是曹操的辖区）。

本来，曹操在二袁的斗争中虽然站在袁绍一边，但一直未与袁术正面交锋，这一则因为他们之间没有直接的利益冲突，二则因为曹操正忙于应付兖州境内的黄巾军。

如今，袁术公然前来挑衅，曹操自然不能不予以还击，亲提大军从鄄城长驱直下，攻打刘详把守的匡亭，袁术也亲自率领主力部队前来援助匡亭，两军接战，袁术根本不是对手，被打得落花流水，于是退保封丘。曹军马不停蹄，进围封丘，袁术见势不妙，还未等合围，就弃城出逃，但曹操仍然不依不饶、尾追不舍，搞得袁术犹如丧家之犬，疲于奔命，从封丘逃到襄邑（今河南睢县西），又从襄邑逃到宁陵（今河南蔡丘东南），一直逃到扬州九江郡（郡治寿春，今安徽寿县），才得以安定下来。袁术这一路狂奔，真是狼狈至极，要不是曹操就此打住，率军回到定陶，真不知他将逃往何方。

曹操是夏天回军定陶的。到了秋天，便发动了攻击徐州陶谦的战役。

丹阳（今安徽宣城）人陶谦，字恭祖，历任卢县令、幽州刺史等职。因参与镇压黄巾起义有功，被任命为徐州刺史。董卓擅权，他没有参加关东联军的行为，被董卓任命为徐州牧。

曹操为何要东征陶谦？有许多史料都说，这是因为曹操一心要向陶谦索报杀父之仇。

这又是怎么一回事呢？

《三国志·武帝纪》裴注引《魏晋世语》说，曹操基本稳定兖州后，想把父亲曹嵩接到自己的身边来，派泰山太守应劭带兵前往迎接。曹嵩来到泰山郡的华县，陶谦乘应劭还没有到达的机会，秘密派遣数千骑兵突袭。曹嵩家人以为是应劭带兵赶到，一点也没有防备。陶谦兵到，即在室内将曹操的弟弟曹德杀死。曹嵩听到动静，赶忙朝后院逃跑，打算从后墙的墙缝中逃出去。他先让他的爱妾往外钻，但这个妾长得太胖，怎么钻也钻不出去。曹嵩见状，只得掉头逃到厕所里躲藏起来，但很快就被发现了，连同那位胖妾一起被杀死，其余的家人一个也没有活下来。应劭赶到后，看到眼前的一切，非常害怕，结果弃官逃到袁绍那里去了。

对这件事，裴松之还引了另外一种说法（韦曜《吴书》），说，曹嵩来投曹操，有辎重一百多辆。陶谦派部将张闿率骑兵二百护送。来到华县、费县之间时，张闿见财起意，将曹嵩杀死，抢夺了财物，逃到淮南去了。

《后汉书·陶谦传》和《后汉书·应劭传》的说法又有些不同，我们不去细说。综合不同史料对曹嵩遇害事件的记载，可以发现这么一个问题，即尽管时间、地点、经过不尽相同，但是，它们无一例外地指责陶谦应对此事担负直接或者间接的责任。曹嵩及其家人的遇难，要么是陶谦主动设谋的结果，要么是他听任部下恣意妄为的产物。从陶谦的一贯为人来看，我们觉得前者的可能性应该更大一些。

不管怎样，这一事件确实是曹操兴师问罪、东征徐州的导火线。

其实，即便没有曹嵩遇害事件的发生，曹操也迟早要与陶谦摊牌。当时，曹操、陶谦分属不同的阵营（以袁绍、刘表、曹操为一方，以袁术、公孙瓒、陶谦为另一方），曹操还在初平三年就协助袁绍，在兖州东郡境内与陶谦激烈交火，陶谦战败撤退。

而且，曹操控制下的兖州，地处冀、豫、青、徐四州之间，其中的冀、青二州主要是盟友袁绍的势力范围，盘踞豫州的袁术刚刚受到了袁绍、曹操联军的重创，因此，陶谦控制下的力量相对较弱的徐州，顺理成章地成为曹操最理想的攻击对象。

献帝初平四年秋，曹操命令陈宫守卫东郡（郡治濮阳县），夏侯惇屯兵濮阳（今河南濮阳西南），荀彧和程昱驻守大本营鄄城（今山东鄄城县北），自己亲提大军直扑徐州，向陶谦发动了强大的攻势。

曹操的这次行动，通知了盟友袁绍，并得到了袁绍的支持。奉袁绍之命前来助战的朱灵，对曹操佩服得五体投地，佩服之余，干脆跳槽，成了曹操的帐下大将。

在友军的协同作战下，曹军势如破竹，不仅一举攻占了陶谦名下的十多个城池，而且在彭城击溃了陶谦的主力部队，迫使陶谦退保徐州当时的州治郯县（今山东郯城县北）。不过，在围攻郯县县城时，曹军遇到了陶军的顽强抵抗，于是，改变进攻方向，沿着泗水向南推进，先后攻克了取虑（今江苏睢宁西南）、睢陵（今江苏睢宁）和夏丘（今安徽泗县）。

曹操的这次东征，持续了半年左右的时间，直到第二年（兴平元年，194）的二月，方才退兵。这次退兵是被迫的，因为在陶谦的请求下，青州刺史田楷带了他的平原国（今山东平原县西南）相刘备，率兵前来救援，这在一定程度上缓解了陶军的压力（陶谦因此上表朝廷，推荐刘备为豫州刺史，刘备也从此斩断与故主公孙瓒的联系，转投了陶谦），当然更为关键的原因还在于：曹军的粮草供应这时发生了极大的困难。于是，曹军被迫退还大本营鄄城。

据说，在这次军事行动中，徐州所属的彭城、傅阳、取虑、睢陵和夏丘五座城市遭遇了屠城之难，有几十万人，包括为逃避董卓之乱而迁居徐州的长安和洛阳难民惨遭曹军的屠杀。即使有幸免于难的，也只好颠沛流离，比如家住徐州琅琊（今山东临沂北）的诸葛孔明先生，也就是在这场战乱中背井离乡，随叔父诸葛玄辗转奔走，最终迁居南阳的。

这五座城市为何被屠，史书并未加以明确交代。其中，彭城和傅阳是曹、陶两军激烈交战过的地方，取虑、睢陵和夏丘则是曹军围攻郯县不克后所攻取的三座城市。

被迫退兵的曹操，并未就此放弃征服徐州的渴望。经过一个多月的人员休整和战备扩充，四月，曹操再度南下开辟徐州战场，意欲给陶谦以毁灭性的打击。曹军进兵神速，很快就攻拔了五座城市，主力部队一直扫荡到琅琊、东海（治郯县，郯县故城在今山东郯城县北），在郯县县城东郊击溃了前来堵截的陶谦部将曹豹、刘备，乘势攻取了襄贲（今山东苍山县南）。

曹操军团在徐州中部核心地带的来回奔突和攻城略地，使得陶谦既心惊肉跳又无计可施。他曾经上表朝廷，异想天开地请求献帝下诏罢免各路诸侯的拥兵权，希望以此阻止曹操的军事行动。这时，他情急之下，甚至打算向丹阳老家逃窜，以躲避曹军凌厉的攻势。

眼看徐州即将为曹操所有，不料事情突然起了变化，踌躇满志的曹操接到了谋士荀彧寄自兖州大本营的急报，说是他最亲密的战友陈留太守张邈，竟然在陈宫的怂恿下背叛了他，推举吕布作了兖州的新东家。于是，心急如焚的曹操，不得不撤离即将到手的徐州，去和吕布争夺对他来说更为重要的兖州。

曹操的撤军，让陶谦七上八下的心情得以暂时平静。但是，这个六十三岁的老人，却因为一年多来的担惊受怕，一病不起。《三国志·先主传》说，陶谦在弥留之际，指定刘备为自己的接班人，把已经残破不堪的徐州无偿地转让给了刘备。在糜竺、陈登、孔融等人的一再劝说下，刘备也就半推半就，"勉为其难"地宣誓就任徐州牧（他同时还兼任豫州刺史）。

对于《三国志·先主传》的这种说法，晚出的范晔《后汉书·陶谦传》没有记载，因为范晔就不相信有这样的事。范晔的不予记载是有道理的，陶谦有两个儿子，陶商和陶应，他怎么不把徐州交给自己的儿子呢？退一万步说，陶谦即使想把徐州转让给自己的下属，也绝对不会考虑刚刚投诚过来的刘备，他考虑的人选应该是手下的丹阳籍亲信。这不仅是因为他原籍丹阳，而且是靠着这批丹阳籍亲信控制着徐州的。因此，《三国演义》第十二回"陶恭祖三让徐州"所说的一切，我们也只能当作故事来读。

献帝兴平二年夏，陶谦终于死在病榻上。据韦曜《吴书》记载，曾经遭陶谦迫害的张昭，这时与他的同事合作，联名发表了一份悼念词，高度讴歌了徐州牧陶谦不平凡的一生。这样的悼词，肯定不是发自肺腑的真情表白；张昭等人的所为，显然出自孙吴集团的政治需要；吸引徐州人才来江东，应该是其中的主要目的。

复仇的情绪、夺地的热望，这两种心情交织在一起，使得初平四年的曹操几近疯狂。诡诈、残忍、嗜杀等恶性的完全暴露，使他大失民心，部下震恐，后院起火。张邈和陈宫的背叛、吕布的介入，使得上升的走势遭到了猛烈的打压。那么，曹操如何应对目前这火烧眉毛的窘境呢？

第六章

平定兖州

从兴平元年夏天到兴平二年的夏天，曹操的最大敌人便是吕布，吕布这只西北的饿狼带着人马来抢夺曹操的地盘来了。

吕布是五原郡九原县（今内蒙古包头西北）人，民间传说他出生在陕西保安县城东面六十里外的艾蒿岭，至于他究竟何时出生，史书未作任何说明。

根据王粲《汉末英雄记》来推测，他应该比刘备（161—223）长几岁，可能与曹操的年龄差不多。

由于骁勇善战，吕布最初成了并州刺史丁原的手下悍将。丁原对他很不错，从晋阳到河内，从河内到洛阳，都一直带着他。可是，吕布却恩将仇报，竟然提着丁原的脑袋作见面礼，做了董卓的义子。

老奸巨猾的董卓，令人费解地让吕布做了自己的贴身侍卫，又莫名其妙地为了一件小事，对吕布大发雷霆，甚至差点取了吕布的性命。在司徒王允的鼓动下，吕布参与了针对董卓的暗杀计划。《三国演义》绘声绘色地说：吕布之所以同意谋杀董卓，是因为王允设计了一个连环美女计，让美丽可爱的貂蝉客串色情间谍的角色，周旋于董卓、吕布之间，最终使得吕布因为争风吃醋，与"义父"翻脸。

据学者考证，在历史上，确实有人用过美女连环计，但使用者不是王允。《三国演义》中美女连环计与貂蝉的故事，实际上取材于《史记·伍子胥列传》，它嫁接、改造了费无忌利用秦国女子离间楚平王父子的这一史事。

吕布是一个反复无常的人，他的性情极其怪乱，时而色胆包天，勾引董卓的贴身丫鬟；时而胆小如鼠，唯恐董卓怪罪他与贴身丫鬟偷情。王允要他做内应杀董卓，他一开始还犹豫，后来却比谁都积极。用一般的逻辑推理，很难探寻吕布反叛董卓的动机。

就吕布个人而言，杀掉董卓是他一生最大的败笔。从初平三年四月二十三日到六月一日，吕布风光了不到六十天，就被董卓的部将赶出了长安，从此四处流浪。

割据南阳的袁术，是吕布第一个想投靠的对象。为什么投靠袁术呢？袁术的父亲袁逢是被董卓杀害的，吕布杀死了董卓，就是为袁术报了仇，就冲这一点，吕布想袁术应该感谢他。于是吕布带着已经腐臭了的董卓头颅，前去投奔袁术。

袁术是否接纳了吕布，史书中有两种说法。一种说法是袁术不欢迎吕布，根本就没让吕布进入南阳；一种说法是吕布到了南阳，袁术起初对他相当礼遇，不久之后，因为吕布放纵部下抢劫老百姓的财物，宾主双方这才不欢而散（范晔《后汉书》）。我觉得后者的可能性要大一些。

离开南阳后的吕布，也并没有像有些著作所说的那样，马上投靠了袁绍。在此之前，吕布在老乡兼好朋友张杨那里混饭吃。

张杨是并州云中郡人，最初与吕布一样，也是并州刺史丁原的部将，这时官拜河内（郡治在今河南武陟西南）太守。

吕布之所以在河内郡只混了短短一阵子，是因为张杨的部下很想拿他的人头，到长安向董卓的余党李傕、郭汜邀功请赏。吕布因此不辞而别，前去投奔冀州牧袁绍。

袁绍这时正在为境内的"黑山贼"大伤脑筋。这支"黑山贼"，在常山真定（今河北正定县南）人张燕的领导下，不但作战勇猛，而且机动性很强，号称"张飞燕"。袁绍的部队，虽然兵多将广，但战术运用上很有问题，根本无力应付张燕的游击战争。

吕布初来乍到，就以其人之道还治其人之身，他仅仅率领由数十个亲信组成的骑兵小分队，只用了十来天的时间，就打得张燕的"黑山贼"被迫撤离常山郡，吕布本人也因此赢得了"人中有吕布，马中有赤兔"的赞誉。对于作战，吕布有时候的表现确实是惊人的。

吕布虽然替袁绍缓解了燃眉之急，却也没能在冀州待多久。吕布的部队纪律性太差是其中的一个原因，袁绍的心胸狭窄、不能相容，更是关键所在。

对于吕布，袁绍不但不予任用，甚至暗中布置加害，怎奈吕布也是此道高手，对于袁绍的阴谋诡计早有觉察，因此袁绍没有得逞。吕布走投无路，只好厚着脸皮，再次走往河内，得到了张杨的收留。这时，大约是在献帝初平四年六月。

在吕布前往河内的途中，经过陈留。张邈特地派人前往迎接。史书交代，张邈待吕布甚厚，临分手时，两人拉手起誓，永远友好。这些事让袁绍知道了，大为不满。

次年（献帝兴平元年），张邈派人来到河内，迎接吕布这位拜把子兄弟去兖州，拥推为兖州牧。

张邈是东平郡寿张县（今山东东平县西南）人，很早就知名海内，与王考、刘儒等并称"八厨"（也就是不惜家财，全力赈穷救急的人），在中平六年年底，接受董卓操纵下的朝廷任命，做了陈留太守。次年，作为关东盟军的召集人之一，起兵讨伐董卓，曹操当时参加了他的队伍。

张邈与曹操、袁绍的私交都不错，这时他眼见袁绍做了盟主，狂妄自大，就很看不惯，当众予以严厉谴责，弄得袁大盟主下不了台。这下，不但做不成朋友，袁绍甚至暗中要求曹操杀掉张邈，曹操没有答应。

虽然张邈为人很好，能力却很有限。四五年的时光过去，昔日的部将曹操从一个微不足道的奋武将军做到了"代理兖州牧"（尽管朝廷尚未予以承认），而他却原地踏步，依旧是陈留太守。虽然这时兖州牧和陈留太守之间事实上并不存在隶属关系，但至少在名义上，曹操的确是张邈的上司，陈留是兖州管辖下的一个郡，两者身份、地位的倒置，使得张邈的心理产生了微妙的变化。这种心理变化，也逐渐改变了他对曹操的看法。

曹操依然把张邈当作好友，他没有侵占过张邈的地盘，甚至在第一次出征陶谦之前，还对他的家属千叮咛万嘱咐，一旦他遭遇不测，就去投奔张邈。结果曹操平安归来，两人重逢时，抱在一起，激动得流下热泪。

尽管如此，张邈仍然坚信，曹操终有一日会同意盟友袁绍的请求，对他下毒手。于是，他听从了陈宫的建议，趁着曹操第二次东征陶谦而后方空虚之机，举兵反叛曹操；同时起兵的，还有张邈的弟弟张超。

张邈的背叛，表面上看是因为陈宫的怂恿，实际上也是他本人的主意。早就有人预料，张邈和曹操之间，迟早要兵戎相见。

前面说过，曹操担任过东郡太守。自从出任兖州牧后，东郡太守就由夏侯惇接任了。第二次东征陶谦时，曹操将留守兖州的任务交给了司马荀彧。兖州的州治是甄城，东郡的郡治是濮阳。

吕布来到兖州后，张邈派人来见荀彧，说吕布是来帮助曹操打陶谦的，要荀彧赶快提供军用物资。荀彧是何等聪明的人，一下子就知道事情坏了。他一方面派人到前线向曹操报告：张邈反了；另一方面加强甄城的防务，将驻扎在濮阳的夏侯惇调来甄城。夏侯惇接报，立即轻军赶赴，在途中遭遇到了吕布。后来，夏侯惇虽然丢掉了濮阳，损失了全部辎重，但终于来到了甄城。

张邈、陈宫是兖州的地方实力派，拥有深厚的基础，所以他们起兵之后，得到了广泛的响应，只有州治鄄城以及东郡两个属县范县和东阿还在曹军的掌握之中。这几座城池的守将分别是：镇东司马荀彧，寿张县令程昱，范县县令靳允，东阿县令枣祗。

寿张县令程昱（141—220），老家就在东郡属下的东阿县（今山东阳谷县东北）。因为他在汉末黄巾起义中，略施小计，打跑了举兵作乱的东阿县丞王度，所以很有人缘。当荀彧听说陈宫即将分别攻打范县、东阿两地的时候，荀彧就拜托他与兖州从事薛悌一道前往范县、东阿两地，为靳允、枣祗鼓劲。程昱除了完成荀彧交给他的任务之外，还及时派人毁坏了黄河上的一个名叫"仓亭津"的渡口（今山东阳谷县北），使得陈宫不能顺利渡河攻击东阿，最终为确保三城的安全立下了汗马功劳。所以，当曹操从征讨陶谦的前线匆匆赶回东阿时，握着程昱的手说："微子之力，吾无所归矣。"（没有你的竭尽心力，我就没有归所了。）

吕布虽然能打仗，战略战术上却很外行。看到吕布将重兵驻扎濮阳，曹操笑了。对此，他有所评论："布一旦得一州，不能据东平，断亢父、泰山之道乘险要我，而乃屯濮阳，吾知其无能为也。"

这是说，吕布一日之间得到了一个州，却没有占据东平，切断亢父、泰山的通道，利用险要地势来阻截我，反而驻守濮阳，我断定他没有什么作为！

东平、泰山都在兖州东部，泰山郡与徐州接壤，是曹操从徐州返回兖州的必经之地。亢父故城在今山东济宁市南，地势极为险要。史书说，此地两车不能并驶、两骑不能并行，百人扼守，千夫难过。这样的地理位置和险要地形，吕布却不能加以利用，如同大门洞开，让曹操能从徐州长驱直入，实在是吕布的失策。

所以，曹操才会对吕布有一个"吾知其无能为也"的判断。

虽然在战略战术的制定和运用上，吕布不是曹操的对手，但在临阵指挥方面却有得一拼，在长达一百多天（5—8月）的濮阳会战中，他非但没有处于下风，而且多次让曹操吃尽苦头，大将夏侯惇就是在其中的一次战斗中，被吕布军队的乱箭射中左眼，从此成了独眼龙，人称盲夏侯。后来夏侯惇每次照镜子，都气愤得将镜子摔碎在地上。

《献帝春秋》说，曹操有一次中了吕布的反间计，对濮阳大姓田氏的诈降信以为真，亲自率领人马潜入濮阳城内，结果在街头巷战中被打得落花流水，只是因为吕布的手下不认识他，方才得以侥幸逃脱。

由于连月大旱，又加上严重的蝗灾，交战双方都没有足够的军粮继续维持战斗，因而濮阳攻防战还未曾分出胜负，曹操就在这年九月，解围而去，吕布也很快放弃了濮阳，带着鸠形鹄面的将士，辗转来到今山东金乡县一带的山阳郡。

雪上加霜的是，就在曹操回到甄城后不久，盟友袁绍的特使便找上门来，对曹操威胁说：如果想继续维持袁、曹同盟，就必须把家属送到邺城（今河北临漳西南）来做人质。袁绍的这一举动，实际上就是想乘人之危，以友好之名行吞并之实。内外交困中的曹操，身心极度疲惫，他想来想去，觉得在目前的情况下，还必须保持与袁绍的联盟关系，哪怕只是个名义。与吕布的战争，问题还不是很大，双方打来打去，你也没有灭掉我，我也没有吃掉你，打了个平手。可怕的是眼前的这场灾荒，粮食实难筹措，军中面临断炊，士气大受影响，已经出现了兵卒逃跑的现象。在这个时候，假若袁绍对自己下手，结果实难预料。于是，他决定忍气吞声，全盘接受袁绍的蛮横要求。

　　恰在这时，程昱刚好出差回来，得知消息后，马上找到曹操。程昱说："将军呀，假若你真的要这样做，别人就会认为你在向困难低头，不然的话，怎么会这样思考问题呢？袁绍有吞并天下之心，但他的智谋实在不怎么样，这个方面你是知道的。将军你自己估量一下，混迹于这样的人手下，你甘心吗？现在兖州虽然残破，但甄城、范县、东阿还在我们手里，能战之兵，不下数万，并没有到山穷水尽的地步。将军你这样雄武，又有荀彧等人辅佐，霸王之业是不难实现的。将军的明天肯定要比袁绍美好得多，不该妄自菲薄，屈就于袁绍的压力。希望将军再细细斟酌！"

　　程昱的这番透彻分析，使得一时转不过弯来的曹操终于想明白了，于是断然回绝了袁绍；事后，袁绍也并未因此采取惩罚性的军事行动，结果不了了之。

　　兴平二年春，曹操重开战局，先败吕布于济阴郡的郡治定陶（今山东定陶县西北），继而在山阳郡的巨野县（今山东巨野县南）击溃了吕布手下大将薛兰、李封的部队，迫使前来救援的吕布退往山阳郡的东缗县（今山东金乡县东北），但还是没能取得决定性的胜利。

　　就在这个时候，传来了陶谦病死的消息。曹操找到荀彧，说自己想利用这个机会，先攻打徐州，再回头收拾吕布。

荀彧连忙摆手："将军，此举不妥！当年高祖与项羽争夺天下，命萧何镇守关中；光武帝经营河北，以寇恂据守河内。为何？这就是先固根本，再图进取。如此，进可以战胜敌人，退可以保守根本。虽然他们也有失败和困难的时候，但最终还是完成了大业。将军你本是在兖州起兵的，兖州又是天下的冲要之地，虽然现在残破，但足可以据以自保，这就是你的关中、你的河内呀！我们现在打败了李封和薛兰，如果再分兵攻打陈宫，使陈宫无法西顾，我们就可以抢收小麦，积储军粮，将士们吃饱了饭，就能与吕布决一死战了。如果放弃吕布不打，东攻徐州，留守的兵力多了，前线战士则不足；留守的兵力少了，后方就无法巩固。东攻徐州，吕布肯定会乘机回攻。倘若将军短时间没有拿下徐州，兖州又给吕布端掉了，那你又能到哪里去呢？"

荀彧又分析了徐州不可能轻易拿下的形势，希望曹操考虑。曹操考虑再三，觉得荀彧这一"固本以制天下"的理论确实是金玉良言，于是决定放弃东击徐州的打算，全心全力地对付吕布。

既然不急于东征，眼下最迫切的事情就是筹集军粮。曹操命令各部将士立即出动，抢收麦子，以济军食。曹操没料到吕布的动作也很快，五月，吕布集合了陈宫的兵马大约一万多人，奔着曹操的营地杀了过来。得到情报时，曹军的人马尽在外面抢收麦子，留下的士兵不满千人，连固守营屯都成问题。曹操相度地形，做出了一个大胆的举动。曹军大营的西边有一个大堤，堤的南边则是一片幽深的树林。他让城中的妇女尽上城头，自己率领所有的将士坚守营屯。

吕布领着军队来到大堤，只见曹营城头上尽是些妇女或扛着大旗，或拿着武器，周围却毫无动静。吕布侧面南望，好大一片森林。吕布对手下人说："好一个曹孟德，跟我玩起了这个。你们看，曹营城垛上摇旗呐喊的是什么人？是妇女。他肯定把大队人马埋伏在树林里，一旦我们进城，他们便从林中杀出，抄我军的后路。我偏不上这个当！"

于是他引军后退十里安营扎寨。

当天夜里，曹军外出收麦子的将士陆续回营，曹操对诸将说："今天吕布怀疑我们林中有伏兵，所以暂时退兵，明天他一定会来进攻。"当即向诸将面授机宜。次日，吕布果然引兵来攻。曹操早把精兵隐藏在堤内，以少量轻兵挑战。吕布见曹军人马不多，率兵前进，两军刚一交手，埋伏在堤内的士兵突然一拥而出，一时间，吕布被打得溃不成军，连夜逃往定陶。曹军乘胜追击，再战告捷，攻拔定陶。吕布眼见大势已去，彻底灰心，带着残兵败将逃往了徐州。

这一次战役，有学者认为曹操使用的是"空城计"，大体上说得过去。第一，头天的曹营确实没有多少兵马，所以曹操才让妇女尽上城头。第二，空城计的效用是让对手摸不清自己的兵力和部署，从而心生疑惑，不敢贸然进攻。吕布不仅没有进攻，反而后退了十里。因此，说曹操用空城计打败了吕布，基本上没有什么问题。

张邈跟着吕布去了徐州，然后又前往寿春向袁术讨救兵，希望搭救被曹操围困在陈留郡雍丘（今河南杞县）的弟弟张超和其他家属，途中却被部属杀害。

张超困守雍丘，兵员损耗惨重，又外无救兵，孤军奋战四个多月后，到了年底，终于抵挡不住曹军潮水般的进攻，城陷自杀。至此，曹操完全肃清了兖州境内的敌对分子，朝廷也正式任命他为兖州牧。

经过一年多的艰苦搏战，曹操在劣势的情况下，屡出妙手，出奇制胜，终于赶走了吕布，平定兖州，展现了曹操杰出的军事指挥才能。到现在为止，我们说曹操才真正拥有了一块进可攻、退可守的根据地。依照荀彧"固本以制天下"的策略，在兖州稳定的情况下，曹操应当积极地"南结扬州，共讨袁术"。那么，曹军的实际进程又是如何呢？

第七章

迎帝都许

上一章我们说过，按照荀彧的策略，曹操的下一步是南结扬州，共击袁术。实际的情形不是这样，随着形势的变化，曹操的视线和精力被吸引到了西边。

　　反对董卓的大英雄王允，对于董卓被杀后的动荡局势，负有不可推卸的责任。

　　这位长安朝廷的新掌门人，在大功告成之后迅速"脱胎换骨"，早先那种对政治问题的敏锐洞察和灵活处理，那种待人处事的谨慎作风和决断精神，统统荡然无存，转而蜕化成为器量狭小、处事轻率多变的独断人物，尤其是在处理董卓旧部这一敏感问题上，更是一错再错。正是他的蛮干，不但害了自己，也使得一场本已接近平息的灾难，再度扩大为社会动乱。

　　在打倒王允之后，联合执政的李傕、郭汜等董卓余部，对治国理政根本外行，他们像疯狗一样地肆虐关洛精华地区，整个三辅地区被他们搞得乌烟瘴气，鸡犬不宁。

　　自从登基以来就被人玩弄于股掌之间的汉献帝，这时由于李傕、郭汜的火并，生存环境更加恶化，甚至被劫持成为人质，在凉州兵的调笑之间，过着不堪回首的耻辱生活。最后，由于董卓部将张济等人的居中调停，也因为他本人的苦苦哀求，才被准许离开长安。

　　兴平二年七月，在后将军杨定、兴义将军杨奉、安集将军董承这些原董卓部将的护卫下，献帝车驾从李傕的北坞营地出发东还洛阳。但是，逃离李傕魔掌的汉献帝，仍旧没有从此脱离苦海，他的一路东行，不但饱受风餐露宿之苦，而且时刻担惊受怕，唯恐被业已反悔的李傕等人追上。

　　杨定、杨奉、董承这几个"护驾功臣"，恐怕连自己都讲不清楚为何要不辞辛劳地护送有名无实的皇帝，他们或许仅仅在潜意识里认为自己负有这样的责任，毕竟汉献帝是董卓留给他们的唯一遗产。

就在汉献帝及其大臣们颠沛流离之际，刚刚巩固兖州根据地的曹操，向幕僚们提出了他想做一件事，那就是：把献帝接到身边来，以收挟天子以令诸侯之效。

曹操的这个想法埋在心里已有好几年了。大家还记得那件事吗？曹操破黑山、收黄巾，攻下兖州后自领兖州牧，朝廷却派一个名叫金尚的人"不劳而获"来当兖州刺史，被曹操派兵赶跑了。攻城有功却得不到朝廷的正式策命，使他受到了很大的刺激：郁闷！

过了不久，谋士毛玠的建议使他找到了摆脱郁闷的方法。

毛玠说："今天下分崩，国主迁移，生民废业，饥馑流亡。公家无经岁之储，百姓无安固之志，难以持久……夫兵义者胜，守卫以财，宜奉天子以令不臣，修耕植，蓄军资，如此，则王霸之业可成也。"

这个建议前面的一通大道理，人人都明白，毛玠所说的"奉天子以令不臣，修耕植，蓄军资"，尤其是"奉天子以令不臣"这一做法，却只能是高智商的人才能拿得出来。

虽然曹操连连叫好，可当时的条件却不能让曹操行使这一计划。随着破袁术、征陶谦、败吕布等一系列战争的胜利，曹操具备了行使这一计划的可能性。而汉献帝的奔逃流亡又使得这一计划的实施具有紧迫性，如果行动迟疑，自然会有抢在他前面行动的人。

还真有抢先者！在曹操准备行动之前，袁绍的谋士沮授就打过这个主意。

《献帝传》说，那是在兴平二年冬，献帝避难曹阳(今河南灵宝县东)之时，沮授建议袁绍"西迎大驾，即宫邺都"，以便"挟天子而令诸侯，稽士马以讨不庭"。但是他的建议遭到了同事郭图和淳于琼(他是当年西园八校尉中的右校尉)的坚决反对。郭图和淳于琼一致认为：一旦将汉献帝接到邺城，届时就不能不遇事请旨，"从之则权轻，违之则拒命"，那时就很被动了。于是，袁绍在权衡利弊之后，打消了迎接汉献帝的念头。

曹操正式将奉迎天子的计划提上议事日程的时间，是在兴平二年年底到建安元年（196）正月之间。令他意外的是，当他兴致勃勃地将这一计划交给手下幕僚商讨时，响应者竟然寥寥无几。

给予最积极支持的人，是曹操的首席谋士荀彧。荀彧的大力支持，并非为主公曹操的事业着想，而纯粹是他本人的"恋汉"情结使然。

有人说荀彧是曹操阵营内部颍川谋士集团的领军人物。这里姑且不论曹操阵营内部是否真的存在所谓的颍川谋士集团，单就荀彧本人而言，他的本质，与其说是曹操的谋士，毋宁说是汉室的忠臣。在他的内心深处，从未泯灭对刘氏皇权的政治向心力和心理依附性。

荀彧字文若，生于桓帝延熹七年（163），比曹操小八九岁。他虽然很早就表现出杰出的才能，但由于受到第二次党锢之祸的牵连，直到二十七岁那年，才被颍川太守阴修举为孝廉，随即担任了守宫令。

《三国志·荀彧传》说，荀彧任职中央的时间是在永汉元年（189）。在此期间，荀彧的叔父荀爽迫于董卓的压力被迫出仕，并在董卓的操纵下，在短短的九十三天内三度升职，从一个隐居的学者成了朝廷的司空。因此，荀彧出任守宫令，也应该是董卓的意思。

荀彧对汉室忠心耿耿，他虽然很愿意出任朝廷的命官，却无法容忍董卓的倒行逆施，因此在守宫令这一职位上没过多久，很快就请求外放，做了兖州任城国亢父县（今山东济宁南）的县令，随后又辞官回了老家颍川郡颍阴县（今河南许昌）。大概在献帝初平二年夏天，他接受老乡、冀州牧韩馥的邀请，带着部分族人避难冀州。

荀彧之所以愿意接受韩馥的邀请，关键并不在于老乡关系，而在于他们曾经共事过，彼此都有好感。在韩馥的眼中，荀彧是个不可多得的人才，而在荀彧的印象中，韩馥则是个恪尽职守的汉室忠臣。

但是，出任冀州牧后的韩馥已经不再忠于汉室，初平二年正月，他与袁绍一道自称大将军，密谋拥立大司马、幽州牧刘虞，另立中央。

韩馥这人野心不小，能力却相当有限。六个月之后，他禁不住袁绍的威胁和利诱，将冀州拱手相让。因此，当荀彧满怀希望地抵达冀州之时，出面接待他的，已经不是发出邀请的韩馥，而是新任冀州牧袁绍。

尽管袁绍给了荀彧很高的待遇，但袁绍显然不是荀彧理想中的人选。而且，袁绍对于欲离去的荀彧，并没有加以特别的挽留，虽然他也了解荀彧的才干。

不能任才使贤，这是袁绍一生最大的问题！

与此相对应的则是，荀彧之所以投奔当时还势单力薄的曹操，原因就在于曹操迄今为止的表现，确实当得起汉室忠臣的称号。二十九岁的荀彧认定曹操就是他期待中足以完成拨乱反正重任的最佳人选。

曹操对于荀彧的来投，自然欣喜万分，欣喜到把荀彧比作西汉的开国功臣张良。

荀彧当得起曹操这种信任。在兖州危急的时刻，正是荀彧的镇定自若和精心谋划，才使曹操摆脱后院被掏的窘境；也正是他的劝阻，才使曹操避免徐州和兖州两线作战的困难。现在，荀彧高人一等的政治策略再次显现，尽管荀彧迎接献帝是出于忠心，曹操迎接献帝是权宜之计，但在迎纳天子这一个具体环节上，两个人的观点是一致的。

我这里所说的荀彧高人一等的政治策略是从汉室的角度而言的。正是在这一策略的指导下，汉室才能苟延了二十余年。

荀彧认为曹操迎纳天子具有三个重要意义："奉主上以从人望，大顺也；秉至公以服天下，大略也；扶弘义以致英俊，大德也。"也就是尊奉天子以顺从民意，秉持公义以降服群雄，弘扬正义以招揽贤俊。这三点有一个前提，就是尊奉天子，尊奉汉室。

为什么说曹操迎纳献帝是权宜之计呢？是因为曹操看中了献帝的使用价值。他认为：在群雄并起的当下，汉天子这面旗子是一个重要武器，汉家仍有号召力，谁能举起这面旗帜，谁就能占有主动权，取得意想不到的威势和力量，就能使自己处于居高临下发号施令的地位。

建安元年正月，曹操派扬武中郎将曹洪带兵西上，去迎接穷困潦倒的汉献帝。

但好事多磨，曹洪这次没能完成使命，受到了"护驾功臣"董承和袁术部将苌奴的顽强阻击，挟天子以令诸侯的计划因此一度搁浅。

令曹操意想不到的是，在献帝身边的济阴定陶人董昭，出于他对曹操的好感，居然以曹操的名义，给"护驾功臣"之一的杨奉，写了一封热情洋溢的信。

董昭的这封代笔信，先把杨奉吹捧了一通，然后表达了愿与杨奉真诚合作、死生与共的意思，并表示愿意为他提供粮草。杨奉收到信之后，大喜过望，即刻上表，让献帝诏拜曹操为建德将军，不久又晋升为镇东将军、费亭侯。曹操接到委任状之后，马上作了《上书让封》表，派人呈上。献帝收到后，又下了第二道策命，复述前意。这样的来来往往，不但使得曹操进京勤王的阻力不复存在，也为此后迁都许县营造了良好的氛围。

建安元年七月初一日，颠沛流离了五年零四个月又十五天的汉献帝，终于跌跌撞撞地回到了满目疮痍的故都洛阳。这时的洛阳，皇宫、民宅几乎焚烧一空，文武官员只好拔除荆棘乱草，居住在断垣残壁之下。更要命的是，吃饭很成问题，凡是官衔在尚书令以下者，都要亲自到郊外采摘野菜，因此饿死的，数量不少。这时，要不是曹操及时伸出援助之手，走投无路的汉献帝及其护驾大臣们，很难有活到明年此时的希望。因而在这种意义上，可以认为曹操其实是汉室的拯救者。

曹操是八月应董承的秘密邀请，回到了已经阔别将近七年的洛阳的。

董承邀请曹操前来洛阳的本意，是想利用曹操对付另一个"护驾功臣"韩暹。因为他对专横跋扈的韩暹很不满，却又无力单独对付。有意挟持汉献帝的曹操，自然不肯浪费这样的机会，所以立即赶往洛阳，朝觐皇帝。

曹操带兵进抵洛阳之后，首先将负责保卫首都的韩暹赶出了洛阳（韩暹跑到梁县投奔了杨奉），从此以录尚书事、司隶校尉的身分，控制了军政大权，并积极谋划把汉献帝挟持出洛阳。

在董昭的建议下，曹操派人与杨奉联系，说洛阳粮食供应实在太紧张，打算让皇上暂时移居鲁阳（今河南鲁山）。杨奉信以为真，没有表示异议。于是，曹操趁机将献帝直接送往许县。到这时，杨奉才知道上了曹操的当，大为恼火，立即同韩暹一道带兵追击，试图加以阻拦，结果在阳城县境内（今河南登封县告城镇）被埋伏山谷中的曹军打得抱头鼠窜。至此，曹操在颇费周折之后，总算如愿以偿地实现了挟持天子的预定目标。

将天子弄到了许昌，使曹操一下子取得了政治上的主动权。最最重要的，是曹操一下子将自己的军阀身份转成了忠臣的角色，并由此而获得了一系列的政治资源。说他深谋远虑也罢，说他善断大事也好，怎么说都不过分。

不过，我想从另外一个角度来分析这个问题，我觉得挟天子以令诸侯也让曹操背上了沉重的政治包袱。

还未等曹操开始实施他的"挟天子以令诸侯"的战略，就遇到了比当年郭图、淳于琼所估计的要多得多的麻烦。

在献帝驻跸许都之后，全国各地确实有许多名士怀抱不同的目的纷至沓来。这其中虽然有真心实意投效曹操者，但也有一些是捣蛋分子。同时也因为汉献帝的到来，从曹操阵营内部，逐渐分化出一批倾向于汉献帝的人物，荀彧就是其中的典型代表。他自从做了汉天子的尚书令，考虑问题的出发点主要是如何确保、重振大汉皇业，在政治立场上已经与曹操同床异梦。而在汉献帝到来之前，曹操阵营即便不是铁板一块，至少也是团结一致的。

被奉迎到许都的汉献帝，对曹操来说，是一种沉重的经济、军事和心理负担。曹操从此不但要为皇上及其庞大的官僚机构长期无条件提供住宿、食品和其他开支，还不得不调拨出足够的兵力加以保护。

更令曹操烦心的是，正处于青春躁动期的汉献帝绝不甘心接受曹操的控制。汉献帝一度以中兴之主自诩，暗中联络了董承等人，密谋发动政变，想杀死曹操，这就是最终在建安五年（200）正月水落石出的"衣带诏事件"。因此曹操在筹划对外用兵的同时，必须时刻防范这个不知天高地厚的年轻人，以及那些蠢蠢欲动的拥汉派，从而在一定程度上牵制了他的对外战争。

需要指出的是，在处理汉献帝及其追随者的问题上，曹操犯了一个不小的错误：他虽然无意成为汉室的中兴功臣，却很想把自己打扮成举世无双的忠臣，从而使得这场强弱分明的权力斗争呈现出本不该有的复杂性和长期性。

曹操不久又发现，自从他将汉献帝挟持到许都之后，不但引发了内部持久的骚动，而且他从此成了众矢之的，被他的政敌"口诛笔伐"而成了"奸相""汉贼"。要是汉献帝不在他的身旁，又何至于如此声名狼藉。

建安年间的各路诸侯虽然接受了汉天子的官职，其实并不是严格意义上的诸侯，因为他们既不向朝廷进贡，也并不臣服于汉献帝。譬如刘备，他的"复兴汉室"的口号，实际上从根本上否定了汉献帝的合法性；又如孙权，也在建安五年，认同了鲁肃"汉室不可复兴"的观感；至于袁绍，从来就没有正式承认过汉献帝。

这些所谓的诸侯，本来没有什么资格对曹操说三道四，因为他们从来没有也根本不愿意为汉室做哪怕一丁点的贡献。他们之所以反对曹操挟持天子，自然不是因为汉献帝受到了挟持，也未必都担心曹操以汉献帝的名义对他们发号施令，他们的真实意图就是借此攻击曹操，毁坏曹操的名声。损人利己，说的大概就是这个意思。

曹操其实并没有完全达到挟持汉献帝的原定目标，他充其量不过是把汉献帝从洛阳奉迎到许都。有意挟天子以令诸侯的他，只是走到这一步，就再也走不下去了。

从来没有哪位诸侯仅仅因为曹操是汉献帝的代言人，就主动请求接受曹操的领导。恰恰相反，无视曹操的这种身份，而与他为敌的诸侯，倒是不胜枚举。还在曹操将汉献帝奉迎到许都的建安元年，袁绍就拒不接受曹操的安排，担任太尉、邺侯。结果曹操无可奈何，只得将自己刚刚到手的"大将军"职位拱手相让。

长期以来，人们普遍认为：挟天子以令诸侯，是曹操高歌猛进的必要前提。这种见解是可以再讨论的，官渡之战最能说明这一问题。

如果按照通常的理解，官渡对垒期间，理当是曹操充分发挥挟天子以令诸侯这一政治优势的大好时机。但实际上，在袁、曹决战之前，包括在战争进行过程之中，曹操阵营内部摇摆不定者，有之；州郡牧守中叛曹降袁者，有之；乘机扩充地盘而攻曹者，有之；坐山观虎斗，欲收渔翁之利者，也有之。反正在这场战争中，我们根本看不到"挟天子"对曹操最终取胜有什么积极作用。恰恰相反，"挟天子"不但没有任何帮助，反而在一段时间内分散了曹操的注意力；就在袁、曹决战前夕，汉献帝就策划了针对曹操的衣带诏事变。

在中国历史上，有意挟天子以令诸侯的人，多如牛毛，但从来不曾出现过挟天子以令诸侯的成功案例。与曹操同时代的董卓，就因为有意挟天子以令诸侯，结果不但未能实现这一目标，反而成了关东盟军的讨伐对象。曹操应该好好地总结一下董卓的教训。

曹操其实根本用不着打汉室这块招牌，他的军政实力的增强、势力范围的扩展，完全是个人努力的结果，与汉室没有任何关系。他不但没有从中得到任何实惠，反而由此被指责得体无完肤，真是冤枉。

曹操本人也逐渐意识到这个问题的严重性，积极寻求对策，以期亡羊补牢。建安九年（204），曹操将大本营从许都迁到邺城，就是在这种背景下作出的政策调整，目的就是通过与献帝的分居，向世人表明他并未"挟天子"。事实上，他也从此放弃了原定的挟天子以令诸侯的战略规划。

但是，曹操的对手孙权、刘备等人，并未因此善罢甘休。他们仍然喋喋不休地向世人宣称曹操的大逆不道："虽托名汉相，其实汉贼也。"以此在政治上与曹操相抗衡。与此同时，许都政权中的反曹派，也充分利用曹操的远在邺城，而乘机大搞特搞复辟活动。建安二十三年（218）正月，由少府耿纪、太医令吉平等人发动的那次叛乱，不过是其中的荦荦大者。

即便是曹操本人，终其一生，也未曾走出由挟持天子而导致的阴影。因为汉朝天子就在卧榻之侧，尊之则心有不甘，代之又受篡夺之名，所以他无所适从，陷入了当年郭图、淳于琼两人所担心的苦恼而不能自拔，并专门为此发表了一篇题为《让县自明本志令》的文告，一再表白自己并无代汉之意。

假如没有曹操的保护，单凭汉献帝的那点能耐，不要说东汉皇朝不可能多苟延残喘二十几年，就连汉献帝本人，也早已被打入阴曹地府。曹操的可怜就在于：虽然他至死都不曾代汉称帝，却被当世或部分后人骂为"汉贼"，目为"奸相"。造成这一切的根源，就在于他拿皇帝押宝。在获得巨大的利益的同时，你必须承担得起来自各个方面的明枪暗箭。还是一句俗谚说得明白：做任何事情都是有代价的！

曹操迎帝都许，取得了政治上的主动权。在稳定局面之后，便依照毛玠先生"修耕植，蓄军资"的思路，推行屯田，把大量流民和黄巾降卒组织到生产线上，在不长的时间里解决了其他军阀最为头痛的粮食危机问题。对此，曹操颇为得意，在他后来的总结报告中，他说屯田之举得到了"摧灭群逆，克定天下，以隆王室"的好效果。

然而，这毕竟是群雄并起的岁月，曹操谋决大事，立足点还是军事。为国失贤则亡，军无粮秫难久。也就是说，屯田备粮，是为了军事的需要。现在军粮丰盈了，就该有所动作了。那么，曹操打击的目标是何方雄豪呢？

第八章

南征张绣

曹操以许县为都，拥有兖、豫二州的时候，群雄割据的军事局面基本定型，这就是：北面，袁绍据冀州，并控青、并二州；公孙瓒据幽州，张杨据河内。东面，吕布据徐州，袁术据淮南。南面，刘表据荆州，张绣据南阳，孙策据江东。西面，韩遂、马腾据凉州，张鲁据汉中，刘璋据益州。

很明显，曹操是处于居中的位置。这个位置有利也有弊，处置得当，则可以各个击破；处理失当，则四面受敌。尤其是张绣、吕布、袁术、袁绍对曹操的威胁最大，这是曹操首先用兵的重点。

与众多谋士商议之后，曹操确立了自己的用兵方略：南攻张绣，先除近忧；继观吕布与袁术交战，待机而歼；再就是与袁绍决战。

也就是说，曹操要拿相对较弱的张绣来小试"挟天子以令诸侯"这把牛刀。

武威祖厉（今甘肃靖远西南）人张绣，是董卓四大虎将之一张济的堂侄儿。早年在家乡祖厉县府中当差，既没有什么政治背景可以依靠（堂叔张济那时大概也只是东中郎将董卓手下的一个尉级军官），本人也没有特别的才能足以让他出人头地。

灵帝中平元年十二月，金城人边章、韩遂在凉州造反，边章的同乡麴胜也袭杀了祖厉县的县长刘隽。这次突发事件，使得张绣平淡的生活起了一点变化，他令人意外地表现出从未有过的当机立断，伺机取了麴胜的首级，因此成了祖厉县的名人，不过，他的政治前途并没有因此光明起来。

此后直到献帝初平三年四月董卓被杀，张绣的行迹，我们难以说清楚。这位祖厉县的名人，大概也在灵帝中平六年八月董卓进京之际，随同张济来到洛阳，然后又西入长安。

在司徒王允、吕布等人联手做掉董卓、杀死董卓女婿牛辅之后，本打算就此逃归凉州老巢的李傕、郭汜和张济，在武威姑臧人贾诩的"启发"下，一不做二不休，索性起兵反抗，既为故主董卓报仇雪恨，也为自己争取一些生存空间。这一期间，张绣追随他的堂叔张济参加了针对王允、吕布的复仇战争，事后论功行赏，大致与李傕、张济等人同时加官晋爵，被任命为建忠将军、宣威侯，成为董卓余党的外围分子。

献帝建安元年，因为驻地弘农（今河南灵宝县南）闹灾荒，张济带着他的部队南下"就食"，在攻打南阳穰县（今河南邓县）县城时阵亡。随同南下的张绣，这时顺理成章地成了张济的接班人，接管了堂叔的队伍和家眷。

荆州牧刘表谴责了属下穰县地方官员的敌对行为，对张绣一行的到来表示热烈的欢迎。在他的接纳下，张绣的队伍得以驻屯在前大将军何进的故乡宛县（今河南南阳）。

刘表之所以愿意接纳张绣的凉州兵团，这一方面是因为他的出任荆州刺史是董卓任命的结果，因而对于董卓不能不心存感激，从而连带对董卓的旧部表示好感，这是人之常情；另一方面，是因为刘表相信剽悍的凉州兵团，在这片曾被袁术蹂躏过的土地上有足够的能力为他把守荆州的北大门。

在刘表、张绣逐渐接近的过程中，贾诩发挥了举足轻重的作用。这位武威奇才，很早就被认为是陈平再世。他对于董卓死后的天下大乱，负有一定的责任，正是他的"指点迷津"，使得在王允逼迫下惶惶自危的李傕、郭汜等董卓余孽，改变了作鸟兽散的初衷，重又兴风作浪，搅乱了一度趋于稳定的政治局面。

贾诩在应邀就任张绣谋主之前，已经多次跳槽。与众不同的是，贾诩将能够充分发挥自己足智多谋的特长视为重新上岗的必要前提。在他看来，最理想的主公，就是既肯对他言听计从，又能使他鹤立鸡群的人。他之所以愿意来南阳就职，就是看中张绣是他比较理想的人选。

可是，还未等张绣立稳脚跟，曹操军团就气势汹汹地开将过来，进抵淯水（今河南白河，乃汉江支流，源出卢氏县支离山，东南流经南阳），与宛城隔河相望。时为献帝建安二年（197）正月，当今天子汉献帝驻跸许都还不到五个月。

南阳与曹操控制下的颍川（治所阳翟，即今河南禹县）、汝南等郡比邻，距离曹操的新大本营许都也不是很遥远，一旦有不友好的强大势力由此东向北上，都将造成难以想象的严重后果。所以，曹操趁着张绣立足未稳之机，亲自率领大队人马，来讨伐南阳。

令刘表很失望的是，张绣并没有像他所希望的那样，捍卫他的北大门。曹操的部队刚刚抵达淯水，宛县城头就高高挂起白旗，张绣一行夹道欢迎曹操。

一切都在意料之外，仅仅依据现有的史料，似乎很难推论其中的原因。最简单的解释便是双方实力悬殊，立足未稳的张绣不愿意以卵击石。

化干戈为玉帛，自然皆大欢喜，也就免不了送来迎往。大概在一次家庭聚会中，应邀前往张府做客的曹操，邂逅了张济那个风韵犹存的遗孀，于是就演绎了一段风流韵事，曹操将其纳入营中。这个故事在《三国演义》中有很铺张的描写。

不过，曹操的行为确实过于荒唐，又不顾后果。张绣有足够的理由表示极端的痛恨：曹操的风流让他难堪，也使他愧对死去的堂叔，更让他无法向张济的部下交代。作为张济的接班人，连张济的遗孀都照管不周，他张绣又怎能服众？

又据《傅子》说，曹操很赏识张绣的帐下勇士胡车儿，甚至不惜以重金收买。张绣得知消息后，怀疑曹操企图策反胡车儿，进而暗算他，因而对曹操更加不满。于是，他暗中与贾诩商讨对策。商讨的结果是：先发制人，发动突然袭击！

行为失检的曹操，眼看着就要自食其果。

在贾诩的策划下，张绣向曹操打报告，请求曹操允许他的部队途经曹营迁到城外去，言下之意便是张绣的军队撤出宛城，让曹军进城驻防。报告同时谎称：由于既有的运输车辆不够，而且都已装满军械器物，因此恳请曹公同意让他的士兵身披铠甲撤离宛城。

虽然申请报告在内容上不无破绽，但是，曹操那时大概正忙于和张绣的婶婶寻欢作乐，未曾加以仔细推敲，因而很草率地批准了张绣的所有请求。

结果可想而知，毫无戒备的曹军，被全副武装的张绣部队打了个措手不及、溃不成军，这是迄今为止曹操输得最"冤枉"的战斗。要不是爱将典韦等人拼死掩护，要不是长子曹昂舍命相让坐骑，那一天就是曹操的"殉情日"了。

除了自己的右臂挂了彩，爱将典韦、长子曹昂、侄儿曹安民阵亡之外，同时遇难的还有那匹名叫"绝影"的战马，它与刘备的"的卢"一道名垂千古：明代有个叫叶山的文人，写了一首小诗，诗中说道："襄阳之会，先主无的卢，则为檀溪溺鬼；张绣之难，曹瞒无绝影，则饫淯河之鳖。"充分肯定过这匹名马的"不朽业绩"。

狼狈得一塌糊涂的曹操，一直退到舞阴（今河南泌阳西北），这才惊魂稍定，整编那些丢盔弃甲却总算保住小命的散兵游勇。

张绣亲自统领他的骑兵纵队尾随而至，这次正面交锋，轮到张绣品尝兵败溃逃的滋味。曹军乘胜反击，攻占了南阳、章陵（荆州八郡之一，今湖北枣阳东南）等地。于是，退保穰城的张绣，重新审视了地缘政治关系，很快就和荆州牧刘表结为攻守同盟。

曹军对南阳、章陵等地的军事占领，并没有维持多久，当曹操自舞阴北返许都，胜利的成果顷刻间又化为乌有。此后，大将曹洪受命前去收复失地，却依然未能改变南阳、章陵等地再度归属张绣的现状。而且，曹洪所据守的叶县（今河南叶县南），经常成为张绣、刘表联军采取联合军事行动的对象。

此次南征失败，完全是曹操忘乎所以行为失检所致。这一点曹军的部将明白，曹操本人也是清楚的。所以在此次战役总结中，曹操诚恳地对部下说："我已经知道失败的原因了，诸位看着吧，从今而后我再也不会犯这样的错误了。"

这一年的九月，袁术进犯陈地，曹操率军东讨，袁术败走。这次战役的最大收获，是曹操得到了猛将许褚。许褚是曹操的同乡，膀大腰圆，勇力过人，曹操一见就喜欢上了，让许褚接替阵亡的典韦，做了自己的亲身侍卫。

十一月，在略事休整之后，曹操再次用兵南阳。

曹军这次既挟东征胜利之余威，在淯水岸边搞了一个祭奠阵亡将士的隆重仪式，士气高涨，更因为没有遭遇敌军的主力部队，所以连战连捷，先后攻占了敌方湖阳（今河南唐河县南）、舞阴两座城池，并且在湖阳生擒刘表的大将邓济。

可能是气候过于寒冷不利于继续战斗，也有可能是军粮接济发生了问题，曹军没有继续向前，次年（建安三年）正月，大军回到了许都。

两个月之后，也就是建安三年（198）三月，曹操第三次征讨张绣。随同出征的军师荀攸认为曹军的当务之急，就是无限期地与张绣打"粮食消耗战"，荀攸坚信：只要刘表无力或者不愿再向张绣提供军粮，不但张、刘同盟的自行解体指日可待，而且可以不费吹灰之力，迫使张绣缴械投降。

或许是前两次的南征使曹操有理由认为：只要双方展开正面对抗，曹军必将取得胜利。不管如何，反正是曹操没有采纳荀攸暂缓攻击、等待时机的正确方案，而是企图速战速决。

于是，曹军迅速向南推进，包围了张绣兵团所据守的穰县县城。

但此后的事态，朝着荀攸预料的方向发展。这年五月，刘表的增援部队在安众（今河南镇平县东南）据险守要，切断了曹军的后路。曹军不但未能攻陷穰县县城，反而腹背受敌，进退失据。

更让曹操心惊肉跳的是，荀彧从许都派人报告：从袁绍那里投诚过来的部属密告，袁绍的谋士田丰，正在极力游说袁绍偷袭许都。于是，曹操紧急下令撤围退兵，回防许都。

地形险要的安众，是曹军迅速向许都撤退的唯一捷径。刘表早已在该地布置了大量的部队，严防死守；尾随而至的张绣兵团，这时也进驻安众，协助友军阻遏曹军。

形势对曹军极为不利，曹操所能选择的，只有这样两种方案：要么正面强攻安众，但强攻的结果，很可能是士卒伤亡惨重却又劳而无功；要么避开安众，作大范围长距离的转移，从另一条道路返回许都，但对于急需赶回许都以确保首都万无一失的曹操来说，显然不可能选择后者。

曹操的临阵应变能力，真让刘表、张绣之流大跌眼镜！他居然趁着夜色，开凿了一条地下通道，兵不血刃地穿越了为敌军所倚重的安众防线。

次日凌晨，张绣听说曹军已过安众，非常着急，于是拒绝了贾诩的劝阻，率领精兵追击曹军，却被亲自殿后的曹操，打得狼狈逃回安众，要不是曹操急于赶路，结果可能更惨。

刚刚吃了败仗的张绣，惊魂未定，却被贾诩催促着进行第二次追击。这次追击的结果，张绣取得了令他很意外的胜利。张绣赢得莫名其妙，一下子回不过神来，他问贾诩：

"先生，我开始用精兵去追击败军，你说我肯定吃败仗；后来又要我用败兵去追击得胜之兵，你说我肯定会胜。结果都给你说中了，这是怎么回事呢？"

贾诩一乐，笑道："将军你仔细想想。曹军开始撤退，曹操必定亲自断后，周密布置。你的追兵虽精，却比不过对方。曹操攻打将军并没有多大失误，力未尽却退兵，肯定是许都发生了什么变故，必然急着赶回。所以在打败将军后，即使留有部将断后，部将虽勇，也难以是将军的对手了，所以将军能取胜。"

这番解释，让张绣对贾诩佩服得五体投地。贾诩的这番安排虽然正确，其实是照着教科书搬来的，《孙子兵法》中就有"归师勿遏"这一条，意思是返回驻地的军队不要去阻挡。说明张绣这个人并没有读过多少书。

张绣从来不是一个胸怀大志的人，是东汉末年的动荡局势让他从一个偏远的西北小县城来到纷乱的中原大地。由于一次偶然的变故，他成了一支流动武装的统帅，后又成了实力并不出众的地方军阀，同时也成了曹操急欲铲除的第一目标。不过，面对曹操接二连三的进攻，张绣除了积极防守还伺机反击，双方互有胜负，这是建安两三年间两者关系的主要内容。

七月，曹操终于回到许都。阔别了将近四个月的许都安然无恙，袁绍并没有采纳田丰的妙计。一场虚惊。曹操紧绷的心弦，得以松弛。

说一句绝对一点的话，世上少见永远的友情，只有永恒的利益。一年之后，也就是建安四年（199），曹操、袁绍这对儿时的伙伴、曾经的盟友，终于撕破脸皮，公开对抗。为了在决战之前最大限度地孤立曹操，袁绍着手组建反曹统一战线，他在派人与盟友荆州牧刘表接洽的同时，于这年九、十月间，也专门派了一个友好使团出访穰县县城。

张绣很愿意投靠袁绍，理由很充足：第一，他没有实力成为长期的割据者；第二，投靠实力超群的袁绍，比较有前途。但是，贾诩根本没和他通气，当着众人对袁绍的来使说："你们回去告诉你们的主公，他们兄弟之间尚且不能相容，怎么可能容得下天下国士呢？"

对此毫无思想准备的张绣，一时间惶恐不安，在送走来使之后，连忙恳请贾先生指点迷津，不料贾诩的答复更令他瞠目结舌：立即向曹操投诚！

贾诩分析说，虽然实力上袁强曹弱，但曹操扛着汉献帝这块招牌，拥有袁绍不具备的政治优势，因此双方究竟鹿死谁手，还很难预料。

倘若在曹操最需要帮助的时候去投靠他，不但必然得到他的热烈欢迎，他们之间的前嫌也能涣然冰释。

史学家吕思勉先生认为，贾诩所以劝张绣投降曹操，大约是因兵力不足与曹操相敌，袁绍相隔太远，不能支援，刘表又是坐观成败之徒，未必能切实联合的缘故。这个说法是有道理的。

应该说，贾诩对官渡决战前袁、曹双方优劣长短的分析，确实很有见地，他对张、曹关系必将改善的预测，也很具前瞻性，此后事态的发展正如他预料的那样。但是，张绣和曹操的关系之所以朝着积极的方向发展，一方面基于贾诩的正确评估，另一方面也出于张绣的勇气，尤其是曹操的大气。

建安四年十一月，来许都投诚曹操的张绣，其实冒着很大的风险，毕竟曹操那个出类拔萃的大儿子是他给害死的。

人生在世，可能不忠不孝，却几乎不可能不疼爱自己的孩子。身为人父的曹操，对于害死长子曹昂的张绣，不可能没有丝毫的怨恨。使曹操自抑情感的，有政治需要的现实考虑，也应当有钦佩张绣勇敢抉择的成分，很难区分这两者之间究竟孰重孰轻。

曹操不仅热情地接纳了张绣，任命张绣为扬武将军，而且还采取措施消除张绣可能有的顾虑，替儿子曹均娶了张绣的千金，两个人做了儿女亲家。

对于曹操的宽容，张绣自然心知肚明，因此产生感激也在情理之中。这种感激之情，体现在他日后的为曹操冲锋陷阵，奋勇杀敌，建安五年的官渡大战如此，更后的建安十年（205）正月的南皮之战，也同样如此。

建安十二年（207），张绣追随曹操北征乌桓，死于途中。

对待贾诩的到来，曹操更为高兴。《三国志·贾诩传》说，曹操一见贾诩，便拉着贾诩的手说："使我信重于天下者，子也。"（让我取信于天下的，就是您啊！）

这句话什么意思呢？曹操与张绣作战多次，互有胜败，曹操的儿子、侄儿和爱将典韦都死在张绣手下。对一般人来说，张绣是曹操的仇人，为张绣出谋划策的贾诩更是不能饶恕。而现在张绣、贾诩出于对他的信任，率兵前来投诚，不计私怨、宽宏大量的榜样，以取信于天下。曹操的宏图大业，就需要人才，不管是一开始就跟随他的人才，还是从敌方营垒里跑出来的人才，他都要一概欢迎。为了招纳人才，特别是从敌方招徕人才，曹操就需要表现出雅量。贾诩与张绣的到来就是给曹操向天下人展现他的雅量的绝好机会。

所以，曹操对贾诩才有这样的一句话。

从此，贾诩与荀彧、荀攸、郭嘉（郭嘉是建安初年自袁绍那里投奔曹操的）等一起，成为曹操身边的一流谋士。

人跟人是不一样的，对有些人可以既往不咎，冰释前嫌，如张绣、贾诩；对有些人却是绝不能姑息，要斩尽杀绝，如袁绍、吕布。这就是曹操的处事原则。那么，曹操又是如何作为的呢？

第九章

荡平徐淮

曹操三次南征张绣，第一次狼狈失败，第二次获胜，第三次胜负参半，基本上算是打个平手。在张绣未投诚曹操之前，可以这样说，曹操未能消灭张绣，张绣也没有足够的能力进攻许都，南边的局势大体上平缓下来。

　　在这种情况下，曹操的谋士们讨论之后，提出建议：荡平徐淮，吃掉袁术和吕布。

　　这是建安三年发生的事。

　　不过，要说清袁术和吕布的事，就得把时间往前提一提。

　　袁术这人有些荒唐。初平四年，他被曹操打败之后，窜逃到了九江，赶走了他自己任命的扬州刺史陈瑀，自领扬州刺史。

　　名为扬州刺史，袁术这时候实际上只拥有九江郡，虽然第二年仰仗孙坚的长子孙策拿下了庐江郡（郡治在今天的六安一带），但他的地盘仍然很小。

　　尽管吃了败仗，尽管只有这么一点点地盘，可是他很想做件大事。这件大事就是当皇帝，过一把皇帝瘾。

　　与袁术相比，吕布的情况好不了多少。兴平二年冬，可怜的汉献帝在逃离长安行经曹阳（涧名，在今河南灵宝县东）时，被胆大妄为的李傕、郭汜等人追及，败得惨不忍睹。袁术以为时机已到，连忙召集部属，当众表态想做皇帝。事关重大，大家都不敢吱声，只有主簿阎象发表了意见。阎象说话很有技巧，他不是直接说出自己的意见，而是和袁术谈起了历史。阎象说，周文王的时候，三分天下周有其二，可那个时候，文王还忠心耿耿地对待殷商；如今汉室虽然衰弱，可皇帝并没有纣王的暴行。这些话的意思明摆着：你袁术不应当做皇帝。这一通话说得袁术很郁闷，但一时也无可奈何。

袁术败退淮南之后，考虑到自己的西面和北面有刘表、曹操，还有陶谦，自己不大可能向这些地区发展，便派江东籍的将领孙坚渡过长江，经营江东。经过数年努力，孙策平定了江东。岂孙策得知袁术想做皇帝，也从江东来信，劝他打消这个念头。袁术本以为孙策会支持自己，结果却是这个态度，气得大病一场。

　　当曹操迎接汉献帝定都许县后，对皇位患有单相思的袁术再也坐不住了，经过几个月的谋划，于建安二年春正式称帝，自称"仲家"。以寿春（今安徽寿县一带）为首都，将京畿所在的九江郡升格为淮南尹，广置公卿百官。袁术本想让被曹操赶到他这儿来的金尚做太尉，金尚不同意，还打算逃走，袁术一气之下把他杀了。

　　广置百官之后，便是大搞郊天祀地，却怎么也没能摆弄出丝毫的承平气象。隆重的开国大典，庞大的财政支出，显然不是区区九江、庐江两郡的税收所能支撑的。然而，我们这位袁"仲家"非但不理朝政，反而纵情声色，日日夜夜与他的数百位妃子花天酒地、寻欢作乐。

　　屋漏偏逢连阴雨，就在袁术登基的当年九月，江淮一带旱情严重，颗粒无收的百姓只好就地取材，或者采些野菜，或者晒干桑葚，聊以果腹。

　　称孤道寡的袁术成了真正的孤家寡人，他的处境还远不如在许都做笼中鸟的汉献帝。献帝只要肯装糊涂，就能高枕无忧；献帝的苦恼来自他自己，他太想重振汉室雄风了。然而，袁术却必须时刻提防头号劲敌曹操派兵来攻。就在他做皇帝不多久，他再一次在陈国（国治陈县，即今河南淮阳县）领教了曹操的厉害。

　　袁术的处境实在是太糟糕了：不但与他的哥哥袁绍结下了仇恨，昔日的部下孙策也和他断了交，在江东另立山头，甚至在曹操的利诱下，一度打算与袁术为敌。就在这样的内忧外患下，袁术居然还有滋有味地当了两年半的"皇帝"。

　　兴平二年，曹操把吕布赶出了兖州。逃到徐州境内的吕布，得到了刘备的收留，被允许驻扎在下邳城（今江苏睢宁县西北）的西面，但似乎没有得到刘备的财力资助，因而穷得一塌糊涂。

不久，袁术进攻刘备，刘备在盱眙、淮阴一带部署抵抗。正当双方相持不下时，吕布乘机端了刘备还未焐热的巢穴——徐州治所下邳。无奈之下，刘备投奔了曹操。曹操热情地表荐刘备为豫州牧，负责供应军粮和补充兵员，让他屯驻小沛，以对付吕布。

袁术称帝之前，为拉拢吕布对付刘备，表示要娶吕布的女儿做儿媳，吕布同意了。称帝之后，袁术想进一步拉拢吕布，以便徐、扬二州联合起来对付曹操。他派韩胤出使徐州，一方面把称帝的消息告之吕布，另一方面想把吕布的女儿迎娶过来。吕布见过韩胤，答应了袁术的要求，并派兵护送女儿上路。这件事被吕布的下属——沛相陈珪知道了。陈珪与袁术早年相好，但他更倾心曹操。他连忙找到吕布，说：

"将军，曹操奉迎天子，辅佐国政，势头渐旺。将军应当同他协同谋划，共商大业，怎么能和袁术搞在一块呢？要是同袁术联姻，必然会落下不义的名声，结局就不好说了。"

吕布一听，不免犹豫起来。联想起当初从关中逃出投奔袁术的经历，心里就来了气。于是他派人把已在路上的女儿追回来，并将袁术使者韩胤戴上了镣铐，送往许都交曹操发落。当时，陈珪想让自己的儿子陈登一同到许都，吕布没有答应。

其实，曹操也怕吕布同袁术联合。当吕布的使者到达许都后，曹操立即将韩胤斩首示众，并以汉献帝的名义，任命吕布为平东将军，并派人捎去一封亲笔信，信中要求吕布以实际行动表示对朝廷的忠诚。

吕布接到诏书和曹操的亲笔信后，大为高兴，立即同意陈登到许都谢恩，并谋求徐州牧的职位。

吕布没有想到，陈登一见曹操便大谈吕布的坏话。陈登说：吕布这个人勇而无谋，轻于去就，反复无常，除了丞相您，还没有人把他看透，应当及早把他除掉。

曹操一看，好戏来了。他立即任命陈登为广陵太守，将陈珪的俸禄提高。陈登临走的时候，曹操拉着陈登的手说："东边的事情，我就托付给你们父子了！"

陈登回到徐州后，吕布见没有满足他做徐州牧的要求，大为光火，指着陈登骂道："你们父子劝我同曹操合作，与袁术断绝婚姻，现在我的要求没有着落，你们却越显发达了，你们这不是出卖我吗？"

陈登对吕布说："将军你不要生气，你听我慢慢解释。我见了曹操，对曹操说，曹公对待吕将军就像是养虎，得要用肉将他喂饱才行，不然这只虎是要吃人的。曹操说，我觉得不是这样，我看对待吕将军得像养鹰，饿了才会有用，饱了他就飞走了。曹操就是这么说的。"

吕布听后，想了许久，好像明白了，又好像没明白，不过气倒是消下去了。

袁术见吕布这样对待自己，十分恼怒，立即派大将张勋等人，并联合刚脱离汉献帝来依附自己的杨奉、韩暹，出动步骑数万，分七路进攻吕布。当时吕布只有兵三千，马四百，担心打不过袁术，不由得埋怨陈珪。陈珪说："将军莫急，袁术的这些军队都是临时凑起来的乌合之众，我有办法对付他们。"

陈珪用吕布的名义给杨奉、韩暹写了一封信，信中说："两位将军曾为皇帝保驾，而我曾杀死董卓。我们都是为国家立过功劳的人。现在袁术叛逆，我们应该联合共同讨伐才对，你们怎么帮助叛逆来打我呢？"

信中许诺打败袁术后，所有的军资全部奉送给杨奉、韩暹。杨、韩两人正愁着自己的士兵闹饥荒，便同意倒戈。当吕布的军队离袁术大营只有百余步的时候，杨奉、韩暹突然回兵。遇此变故，袁术的惨状可想而知，他只带着五千残兵逃回了寿春。

败回寿春后，袁术打算重整旗鼓，再与吕布决战。他派人到陈国筹集军粮，陈相骆俊不给，袁术派人杀了骆俊。陈国离许都不远，曹操在第二次南征张绣时随便就将袁术打败了。袁术逃到淮南，从此一蹶不振。

曹操在陈珪父子的帮助下，利用离间之计，让吕布和袁术相互攻夺，成功地削弱了袁术这支力量。现在东部这一块只剩下吕布和在自己保护下的刘备这两股势力了。

刘备在曹操的帮助下，在小沛积极发展势力。建安二年冬季，江淮一带的饥荒实在厉害，已经投靠吕布的杨奉和韩暹到处打劫，却依然不能解决军粮问题，于是他们打算投依荆州的刘表。在向吕布辞行时，吕布不同意放行。杨奉便暗地里与刘备联系，商量一起进攻吕布。刘备表面上答应杨奉，内心却另有打算。就在杨奉带着军队来到小沛时，刘备设宴款待，在酒桌上解决了杨奉。杨奉一死，韩暹顿感不妙，撇下自己的那支饿得不成样子的军队，带着十几个亲信朝并州方向跑了，途中被人杀死。刘备只花费了一桌酒席就让杨奉、韩暹送了命，并兼并了他们的军队，实力大为增强。由此我们可以见到，刘备的手段也是不凡的。

刘备的这个做法实在是太毒辣了，吕布当然不满。事过不久，吕布派人到河内买马，途中却被刘备的部下抢走了银两。这下吕布忍耐不住了，再次同袁术拉上关系，要打刘备。曹操得知消息，连忙作出反应，派夏侯惇去支援刘备。

曹操将刘备视为英雄，可这位英雄打仗实在不行。吕布一上劲，刘备就将小沛丢了，而且是单身出逃，家属做了吕布的俘虏。

好在此时曹操已经结束了第三次南征张绣，与荀彧、郭嘉、程昱等谋士商议好了下一步方略，并亲领大军向东开拔，在梁国境内遇上了败逃的刘备。

吕布得知曹操东征，立即将兵力从小沛收缩到彭城。建安三年十月，曹操兵压彭城。

此时，陈宫向吕布献计：曹军远来，兵卒疲惫，我们应当予以迎头痛击。

吕布没同意，他的想法是等曹军横渡泗水的时候，发起突然攻击。

没想到曹军的行动实在太快。还未等吕布部署完毕，曹军已经渡过泗水，并发起了凌厉的攻击。吕布见势不妙，带着部分军队撤离到彭城东南的下邳。

曹操攻下彭城后，下令屠城，如同当年东征陶谦时一般。曹操好像是彭城的恶魔，一到此地，就杀心大作。

曹军铁桶般地围困了下邳。为了争取主动，吕布发动了几次冲击，都被打败。几个回合之后，吕布锐气丧失，只好据城固守。

陈宫又给吕布出计：“曹军长距离作战，军粮补给一定会出问题，他的攻势维持不了多久。我下邳城防坚固，曹军一时又奈我何？将军不用泄气。不过，一直困在城中不是万全之策。将军可带部分兵力冲到城外驻扎，我则带剩余的兵力在城内防守。曹军进攻将军，我从城中杀出；曹军若来攻城，将军可从城外接应。如此不出十天，敌军粮尽，下邳之围定然告破。”

吕布一时也想不出什么好办法，便依从了陈宫的建议，派陈宫、高顺留下守城，自己准备率领精兵冲出城外去截曹操的粮道。

吕布正准备出发时，他的娘子出来了，对吕布说：“将军万万不可贸然出城。陈宫、高顺素来不和，将军一走，他们不会同心共守，一旦有个差错，将军将在何处立足？何况曹操过去待陈宫像亲兄弟一般，他还要离开曹操投奔我们；将军待他远没有超过曹操，现在你却将妻儿和城池都交给陈宫。你想一想，这样合适吗？”

听了娘子的一番话，吕布又不知道怎么办好了，最终改变了出城的主意。

吕布所采取的唯一的积极措施，就是派了部下到袁术那里搬救兵。为此，他甚至打算亲自送女儿到寿春去。可是，自顾不暇的袁术，哪有余力（事实上也不敢）帮吕布打曹操。

陈宫的估计没有错。曹操围困下邳，久攻不下，士卒疲惫不堪。曹操自己也有些泄气，动了撤军的念头。荀彧、郭嘉立即反对，荀彧说：“吕布勇而无谋，现在屡战屡败，锐气丧失殆尽。军以将为主，主衰则兵卒全无斗志。陈宫有智谋，可是他的脑子动得慢。现在我们应当趁吕布的元气还没有恢复，陈宫的计谋还没有想出来的时候，加紧进攻，吕布的死期就快到了。"

曹操立马兴奋起来，与郭嘉等人商议好引泗水灌城的战术。

下邳顿成汪洋。

此时，吕布真的是无心恋战了，很想响应曹操的呼吁，出城投降，但陈宫极力反对。

主帅都承受不了，何况部将？吕布的部将侯成追回了被人拐走的十五匹战马，其他部将知道后前去贺喜，侯成因此备了些酒菜加以招待。开席前，侯成特意分了些酒菜去孝敬吕布，却不料因此挨了吕布的一顿痛骂，因而又气又恨，气恨之余就同宋宪、魏续等人一道造了吕布的反，他们绑了陈宫，打开城门投降了曹操。

吕布因此一退再退，退到了下邳南城门上的"白门楼"（这个城楼因为城门而得名），最后被押着去见曹操。

曹操召集文武商议处置吕布。吕布被押上来的时候，就和曹操套近乎，他问曹操："明公现在怎么这样瘦呢？"

曹操虽与吕布多次交战，却从未见过面，于是反问："你怎么认得我呢？"

吕布说："当年在洛阳时曾见过一面。"

曹操说："我忘了。我之所以这么瘦，是因为没有能够把你早日捉住。"

吕布低下头，想了一会儿说："从前齐桓公曾被管仲射过一箭，即位之后还是以管仲为相。明公忧虑的是吕布，现在吕布降服了，能否让我带领骑兵为明公冲锋陷阵呢？"

曹操最爱猛将，听了吕布的话，神色一时犹豫。

这时吕布感觉绳索将自己捆得太紧，看到刘备坐在曹操身边，就对刘备说："玄德，你是座上客，我却是阶下囚，这绳子将我绑得太紧了，你就不能帮我说句话吗？"

曹操笑着说："你何妨直接朝我说，为何要为难玄德呢？"

于是就想着让人给吕布松绑。主簿王必赶紧上前，对曹操说："吕布是强虏，他的部众就在不远，不可松绑。"

曹操听了，对吕布说："我本来想给你松绑，但主簿不同意，你看怎么办呢？"

吕布就这样被缢杀了。

在生命的最后时刻（建安三年十二月），吕布展示了一个普通人面对生死的抉择。这种抉择无可厚非，他愿意从此为曹操效劳的自述，也具有很大的可信度。

吕布的朋友张杨，始终没有和他断交，甚至为救吕布而付出了生命；部将张辽，在吕布的有生之年也始终追随着他，这些都足以表明吕布的人品，并不是我们所想象的那么下三烂。

为吕布所杀的人，董卓自然不必说，丁原也绝对不是什么好东西，司马彪《续汉书》说他曾经接受何进的指使，在河内郡假扮强盗，火烧孟津。

曾经吃过吕布苦头的人，一是刘备，一是袁术，他俩是东汉末年最热衷于做皇帝梦的人。吕布对袁术似乎并不是很讨厌，虽然他曾经被袁术冷遇过。吕布对刘备为人的认识，无疑是那个时代最深刻、最到位的："是儿最叵信者。"可是，后人不但拒绝接受他的观感，而且主要是因为他曾经抢占了刘备的徐州，故而把吕布看作是东汉末年最反复无常的小人。

吕布死了，袁术也该到头了。建安四年，袁"仲家"终于无法继续支撑他的门面，于是厚着脸皮，投奔他的两个老部下陈简和雷薄。却不曾料想，陈、雷二人根本不愿，实际上也不敢接收他这个"烫山芋"。

穷途末路的袁术，思来想去，最终决定投靠那个被他一再羞辱的兄长。他想毕竟血浓于水，再怎么着，袁绍也不至于把老袁家的人往死里整。

于是，在这年五月，袁术派人送信给袁绍，表示愿意把皇帝的称号让给哥哥。那封信里，全是对袁绍的奉承拍马。袁绍把玩着那个从不向他低头的弟弟的来信，很开心，对于来信所提到的让他做皇帝的提议，更觉得快意无比。开心、惬意之余，袁绍指示他的长子青州刺史袁谭派人前往迎接。

袁术本打算取道下邳北上青州，不料曹操预先得到情报，派了刘备、朱灵等一干人马，在下邳设下了天罗地网，时刻准备截击袁术。袁术晓得这下完了，要想行经下邳北上青州，比登天简单不了多少，于是彻底死心，掉头返归寿春。

建安四年六月，饱尝惊吓饥饿之苦的袁术，在距离寿春八十里的江亭，终于一病不起。在弥留之际，他很想吃点什么，可是厨子回复说，除了仅存的三十斛麦屑，已别无他物可以充饥。可悲的袁术，凄凉地在床上叹息了许久，突然一声惊叫，吐血死去。

袁术的不幸，在于他生不逢时。假如生在太平盛世，像他这样的名门嫡子，前途不可限量，他出演政坛主角的可能性，应该远远超过曹操、袁绍等人。但是在现实的生活中，离开洛阳后的他，更像是一个流窜作案的逃犯。

袁术的悲哀，在于他既不量力（除了袁氏家族的社会影响力比较可观之外，他并不拥有现实的强大的军政实力）又不度德（除了匪夷所思的想象力之外，他并不具备出众的个人才干），却居然连做梦都想面南坐北，最终自编自演了一出自我加冕又自行下台的闹剧。

袁术的闹剧，当然不无意义，它至少可以作为反面教材，昭示那些暗中打算革汉朝之命的人：除非万事俱备、水到渠成，否则，千万不可轻举妄动。轻举妄动无异于自寻死路，结果只能是重蹈袁术的覆辙。

曹操是否汲取袁术血的教训？史书没有明确交代。答案应该是肯定的。

吕布死了，袁术也死了，张绣投降了。徐州、豫州、兖州、扬州连成了一片。曹操明白：和老朋友袁绍一决雌雄的时候到了。

第十章

火烧乌巢

就在曹操忙于拓地河南，开辟兖豫根据地的同时，袁绍也以冀州为基地，致力于兼并幽州、青州和并州。

袁绍自从中平元年八月与董卓决裂、出奔冀州以来，很快就完成了角色转换，从极端激进的反阉斗士转化成为唯利是图的地方军阀。在此之后，他的所有活动，包括声讨董卓在内，都是以拓展个人军政势力为唯一宗旨，甚至为达到目的而不择手段，最终在献帝建安四年三月，占有了河北四州之地，成为当时最有实力的割据者。

有这么一种说法，袁绍不该坐视曹操平定河南，他早就应该在曹操立足不稳之前，与曹操摊牌，与曹操决战。这种认识其实是可以讨论的。

袁绍自从献帝初平二年七月骗取韩馥的冀州之后，就在该年冬季与袁术及其盟友公孙瓒发生了激烈的武装冲突，因而在这四五年间，他事实上并未在冀州站稳脚跟。也就是说，袁绍在相当时期内，根本没有时间和力量对付割据兖州的曹操。

占据冀州之初的袁绍，非但不会攻打曹操，反而极力加以拉拢。事实上，曹操对于袁绍在冀州站稳脚跟给予了很大的帮助。还在初平二年秋，他就帮袁绍打退了严重威胁冀州安全的黄巾军白绕部队；而后，当袁绍与袁术反目成仇，他又站在袁绍一边，帮袁绍打袁术、陶谦。也正是得益于曹操的帮助，袁绍在兴平二年，给了公孙瓒以沉重的打击，从而完全巩固了冀州根据地。

袁、曹这对盟友的公开交恶，开始于建安元年八月曹操将汉献帝奉迎到许都之后。当时，刚刚做了大将军、武平侯的曹操，一厢情愿地想挟天子以令诸侯，便在这年十月，通过献帝下诏谴责袁绍，说他虽然地广兵强，却只顾培植自己的势力范围，从不出师勤王。

袁绍立即抗表反击，首先自我标榜为"怀忠获衅，抱信见疑"的大忠臣，并详细罗列了自己为国尽忠的种种业绩，包括协助何进铲除宦官、号召天下讨伐董卓，然后笔锋一转，指责曹操不该无故迁都，让"洛邑乏祀，海内伤心"，进而含蓄地批评曹操用人唯亲、党同伐异。

　　曹操一时无言以对，只好让献帝任命袁绍为太尉、邺侯。但袁绍态度强硬地拒绝接受委任状，原因是太尉的职位在名义上低于大将军。曹操自知实力不如袁绍，再次被迫让步，在建安二年三月，派孔融前往冀州，拜袁绍为大将军，同时让他兼督冀、青、幽、并四州。至此，袁曹之间的战略同盟关系已经彻底破裂，从此互相敌视，暗中盘算如何吞并对方。

　　建安三年初，袁绍以许都低湿、洛阳残破为借口，要求曹操把汉献帝迁居到距离冀州较近的鄄城，以便就近加以控制，但遭到曹操的断然拒绝。于是，在这年四月间，谋士田丰力劝袁绍趁曹操远在穰县（今河南邓县）征讨张绣之机，偷袭许都，挟持汉献帝。由于当时公孙瓒尚构成一定威胁，袁绍为避免两线作战，没有听从田丰的建议，只给曹操寄去了一封恐吓信。

　　曹操在得知田丰建议袁绍袭击许都的建议之后，立即放弃对穰县的围攻，回防许都。在收到袁绍的来信之后，他当时就想与袁绍一决雌雄，却又唯恐实力不济，因而一度忧心忡忡，甚至举动反常。这时，荀彧、郭嘉二人从气度、谋略、武功、德义四个层面，分析并论证了曹操相对于袁绍的优势。他们之所以作这样的分析，目的就在于：消除曹操的畏难情绪，坚定曹操战胜袁绍的信心。

　　荀彧、郭嘉进而极力劝说曹操，趁袁绍忙于北伐公孙瓒之机，先解决吕布，然后再伺机与袁绍决斗。此后，曹操也基本上是按照这个战略规划而展开行动的。

　　袁绍自从建安四年三月彻底解决公孙瓒之后，不再有后顾之忧，由于吞并了青州、幽州和并州，实力大增，因而急不可耐地想做皇帝。

恰逢这时（大约五月份）袁术遣使表示愿将帝号无偿转让给他，所以在这年七月间，袁绍暗中指使主簿耿包上表劝进。但是，令他有苦难言的是，他的大多数僚属坚决反对耿包的建议，因此，只好忍痛杀了耿包，以平息众议。随后，袁绍的注意力从内政转入外事，决定立即点起十万精兵，大举南下，与曹操争锋。

袁绍的这一决议，虽然得到了郭图、审配的鼎力支持，但遭到沮授的明确反对。沮授加以反对的理由是：第一，由于和公孙瓒连年交战，物资消耗严重，百姓赋役负担过重，急需休养生息；第二，曹操并非公孙瓒那样的等闲之辈，不但部下将士战斗力强，而且因为挟持了汉献帝，拥有政治上的优势。

他还建议袁绍：政治上，加强与汉献帝的联系，使曹操无法利用挟持天子号令诸侯的政治优势；经济上，发展生产，整顿军备，搞好内部建设；军事上，派遣骑兵部队，不断骚扰曹操的边境地区，使曹军防不胜防、疲于奔命，最终拖垮他们。沮授坚信，如此不出三年，袁军就可稳操胜券。

沮授的反对意见和战略主张，听起来很有道理，其实却经不起推敲。首先，他片面强调连年作战对袁绍集团的消极影响，却没有看到曹操方面同样也是连年作战，经济状况相比较而言更为糟糕，更需要休养生息；其次，他不曾注意到当时的外部环境有利于袁绍而不利于曹操，因为袁绍在消灭公孙瓒之后，已经没有任何后顾之忧，曹操却不得不顾虑到南侧的张绣和刘表这两支敌对势力。

总而言之，沮授的主张绝对不是什么"万安之术"，袁绍不予采纳，是有一定道理的。实际上，即便袁绍同意采纳沮授的建议，也根本没有付诸实施的可能，因为曹操当时已经把战火烧到了他的家门口。

曹操在彻底击溃盘踞徐州的吕布兵团之后，于建安四年四月向北推进到黄河以北的河内郡，任命魏种为河内太守，让他全面负责对河内郡的经略。

同年五六月间，曹操又派了刘备、朱灵等人带兵扼守小沛，迫使企图取道青州、北投袁绍的袁术掉头南返（此后，朱灵还许，刘备据下邳而叛操）。八月，又指令琅琊相臧霸等人进军青州；大致与此同时，曹操亲自带兵横渡黄河，不过，他虽然也曾攻占邺城南面的军事重镇黎阳（今河南浚县东），但显然无法守住，因而南撤，留下平虏校尉于禁、东郡太守刘延分别屯守延津（今河南延津北）、白马（今河南滑县东），在兖州和冀州交界处的东郡境内，沿着黄河构筑防御阵地。

　　在曹操排兵布阵的同时，袁绍也着手调兵遣将。建安四年夏，当刘备袭杀徐州刺史车胄，公开与曹操为敌之际，他应刘备之邀，派了骑兵部队予以支援。同年冬季，袁绍又先后派人与张绣、刘表接洽，但未能争取到他们的支持，其中，张绣在贾诩的劝说下投诚了曹操，刘表虽然口头上答应与袁绍南北呼应，实际上并未出兵夹击曹操。

　　此外，袁绍在河内郡的汲县一带（今河南新乡市附近）派驻了为数众多的部队，分别由何茂、王摩等二十几个将领指挥，并修建了不少于三十座的大型军事工程；而在河南尹原武县的杜氏津（今河南原阳县境内），也驻有数量不少的袁军。

　　这次袁绍部队的南下，震撼了许都政权，因为许都就在河南尹的南侧，使之一度出现了恐慌情绪。譬如孔融，当时就对袁、曹决战的前景很悲观，他问荀彧："袁绍地广兵强，既有田丰、许攸为他出谋划策，又有审配、逢纪为他处理政事，还有颜良、文丑为他带兵作战，我们要同他较量，恐怕难以取胜吧！"

　　面对大兵压境而导致的内部恐慌，曹操表现得相当镇定。他一面为部下打气，说袁绍眼高手低，色厉内荏，以至于"兵多而分画不明，将骄而政令不一"，因而"土地虽广，粮食虽丰，适足以为吾奉也"；一面在建安四年九月派遣大部队进军官渡（今河南中牟县官渡桥村），构筑防线。

　　平心而论，建安四五年间的曹操，处境相当险恶，不但外有袁军的逼迫，而且内乱迭起。先是身边的卫士徐他等人密谋取他性命；此后不久，车骑将军董承等人也企图浑水摸鱼，发动政变。更令他烦心的是，在徐州造反的刘备，声势越来越大，不但得到了袁绍的支援，而且得到了东海太守昌豨的响应。为了避免日后的两线作战，曹操毅然在建安五年正月，亲自带兵东征徐州，打得毫无防备的刘备抱头鼠窜，北投袁绍。

《三国志·袁绍传》和《后汉书·袁绍传》都说，当曹操远征刘备之时，田丰劝袁绍趁机袭击许都，但袁绍因为儿子刚好有病在身，没有采纳田丰的正确建议，田丰因此气得举杖击地，连连叹息："夫遭难遇之机，而以婴儿之病失其会，惜哉！"（"婴"的意思是"遭受"）

这个记载的可信性有待商榷，因为《三国志·于禁传》明确记载，在曹操远征刘备期间，袁绍并未按兵不动，而是亲自带兵攻打于禁把守的延津，只是因为于禁防守得法，所以他最终劳而无功。在这个问题上，袁绍的错误是：他不曾指令先期驻扎在河南尹的部众向南突进，进逼许都，从而错过了乘虚捣穴的良机。

袁绍这人虽然长期混迹军旅，却并不具备实际的军事指挥才能（袁绍最拿手的，应该是做政治宣传工作）。他曾经面对"黑山贼"张燕的游击战争束手无策，靠了吕布的帮忙，这才解了燃眉之急；他后来在与公孙瓒的较量中，也因为应变将略非其所长，所以直到建安四年三月，才最终予以铲除。可以说袁绍一生最英明的决策，就是选择到冀州拓展发展空间，事实上，他的确很得地理之便。

在建安五年正月，袁绍正式向曹操宣战。《三国志·袁绍传》说，袁绍临行前，田丰试图加以劝阻（劝阻的内容与当初沮授的主张大同小异），遭到拒绝后，仍然坚持己见，反复陈说，惹得袁绍大为生气，田丰被囚禁在牢狱之中。其实，袁绍选择在这个时候挥师南下，在时机的把握上，并没有什么不对；相反，倒是田丰的建议显得过于保守。

被曹丕《典论》列为"建安七子"之一的广陵射阳（今江苏宝应县东北）人陈琳，这时正在袁绍幕府主管文书工作，于是奉命起草了一篇声讨曹操的檄文。这篇檄文，尽管内容大多不实，却极有气势和文采，是国史上屈指可数的宣战书，大概只有唐代婺州义乌人骆宾王的《为徐敬业讨武曌书》方可以与它相提并论。

极尽所能地诋毁曹操，只是这篇檄文的手段，目的则在于反衬袁绍的高大形象，突出袁绍作为汉室"忠臣"和"功臣"的身份，增大袁绍讨伐曹操的政治号召力。不过，檄文发布之后，并未产生多大的影响。

建安五年二月，袁军进抵黎阳。可能是因为此前在攻打延津时受到了于禁的顽强阻击，所以袁军这次南下进攻的方向，改为白马。

《三国志·武帝纪》说，袁绍在进驻黎阳之后，随即以郭图、淳于琼、颜良为先锋，直扑驻守白马的刘延。

袁军前锋部队对白马的围攻，进展缓慢，这一则因为刘延经营白马多时，确实不易攻克；二则因为袁绍坐拥大军于黎阳，而不晓得向白马增派兵力。也正因为袁绍迟迟不渡河南进，所以曹操敢于从官渡北上，增援刘延。

曹操的这次北上增援，并未直接赶往白马，而是听从了荀攸"声西击东"的策略，挺进延津南岸，并且扬言要从延津南岸北渡黄河，袭击邺城。袁绍信以为真，立即派了一支大军急赴延津北岸，以阻击曹军。

曹操眼见袁绍上当受骗，也就即刻撤离延津南岸，率领荀攸、张辽、关羽等人，东走白马，直趋颜良的营地。

曹操的突然而至，自然让颜良很吃惊，于是仓猝应战，结果据说被关羽杀死，曹军顺势进击，一举解了白马之围。而后，曹操指挥所有人马，沿着黄河南岸，西走延津。

袁绍得知颜良兵败白马之后，勃然大怒，迅速南渡白马津，追击撤离白马的曹操。由文丑率领的袁军先遣部队，终于在延津南岸附近的南阪追上了曹操，但在两军交战过程中，文丑战败被杀。

面对白马、延津两战的胜利，曹操并未头脑发热，他自知无法抵挡袁军主力部队的攻势，所以迅速向南撤退。自从建安四年八月以来一直驻守延津的于禁，大概也在这个时候，与乐进一道带领五千兵马，横渡黄河，途经河内郡向官渡南撤。

曹操的南撤官渡，既是审时度势的结果，更是袁军进逼下的产物。不管如何，他所苦心经营的延津—白马防线，不但未曾发挥作用，而且至此已经荡然无存。由此也可见袁绍的这次南征，本身在战略上并无任何问题。

于是，袁军顺势南下，密集推进，在建安五年七月进驻了河南尹境内的阳武（今河南阳武县古博浪亭），与据守官渡的曹军南北对峙。

袁绍投入前线的总兵力，各类记载虽略有出入，但大体接近，约有十二三万。

至于曹操用于防守官渡的兵力，各类史书都说是不满一万，这显然很不可信，裴松之就曾对此表示过极大的怀疑。我们觉得，曹军虽然在数量上处于劣势，但不会少于一对十的地步。

进驻阳武期间，沮授又建议袁绍利用兵多粮足的优势，与曹操打持久战、消耗战，最终拖垮曹军，但袁绍却试图速战速决，断然加以拒绝，并在这年八月南下逼近官渡，背靠沙堆安营扎寨。

对于客场作战的袁绍来说，要想战胜曹操，最好的办法，莫过于在稳扎稳打的基础上速战速决，因为旷日持久的对峙，不但使他无从发挥兵力占优的有利条件，而且会滋生出太多的不确定因素，最终只能使自己陷于本不该有的被动；袁绍其实早就应该在抵达阳武之时继续南下，快速地向官渡推进。

然则遗憾的是，袁绍虽然表面上拒绝了沮授的建议，实际上在整个七、八两个月，都不曾主动出击，这充分显示出他军事指挥能力的低下。

双方的交战，始于这年的九月。曹军首先发动攻势，失利之后，就坚壁不出，袁军随之转入进攻。大概因为曹军营垒坚固，易守难攻，因而筑高楼，堆土山，居高临下，对着曹营俯射。也因此，曹军士兵一度只能手持盾牌抵挡乱箭，才能在营中走动。幸好，曹操很快就想出了对策，一面堆筑土山，以阻挡袁军的乱箭，一面制造"霹雳车"，利用"霹雳车"抛掷石块，摧毁袁军的高楼。

袁绍一计不成又生一计，命令士兵挖掘了若干条直通曹营的地道，偷袭曹营。曹军则针锋相对，在营内开掘壕沟，截断袁军地道，袁绍的攻击计划因此又告破产。

袁绍还多次派兵拦截曹操的运粮部队，但由于负责供应、押送军械粮草的任峻防范严密，因而袁军始终不曾得手。

尽管袁军在军事上没有取得什么进展，但在声势上压倒了曹军。据说曹操阵营中有很多人暗中写信给袁绍，请求投降；甚至连曹操本人，也打起了退堂鼓，他因为粮食供应上的极大困难，准备放弃官渡，退守许都，为此向留守许都的荀彧征求意见。荀彧不同意撤军，极力为曹操打气，劝他无论如何都要支撑下去，避免牵一发而动全身。

就这样，曹操如履薄冰地苦苦支撑到了十月。在此期间，要是袁绍能够果断地发动地面进攻的话，曹军很可能就全线溃败了。这其中的关键，就在于他不了解曹军当时所面临的实际困难。

至于曹操，之所以能在极大的困难下赢得最终的胜利，关键也就在于袁绍帐下主要谋士许攸的叛袁投曹，使曹操对袁军的虚实有了相当的了解。

南阳人许攸是曹操的老朋友，史书说他背叛袁绍的原因，一则是袁绍不能满足他对财物无止境的追求，二则是他当时建议袁绍亲自带兵前去袭击许都，却被拒绝，于是在愤怒之余，认定追随袁绍没什么前途；三则是他留在邺城的家属因为犯法而被审配收押，于是索性一不做二不休，帮曹操打袁绍。

曹操得知许攸深夜前来投诚的消息，兴奋异常，盛情相迎。

许攸开门见山，告诉曹操：袁绍有大批军粮目前正运抵乌巢，奉命加以护送的，仅淳于琼等一万余人马而已，防守并不严密。他进而建议：立即派兵奇袭乌巢，焚毁袁军粮草。于是，曹操指令曹洪、荀攸负责把守官渡大营，亲自带着步骑五千人，连夜前往，于次日凌晨抵达乌巢，随即投入战斗，击溃袁绍的护粮部队，杀死了淳于琼，并彻底烧毁了袁军的粮草。

史书说，袁绍接到曹操攻打乌巢的情报之后，不但不听从张郃的正确建议，派遣大军增援乌巢，反而听从了郭图的馊主意，误以为官渡曹营空虚，可资利用，派了张郃、高览前去偷袭。但是，就在张郃等人久攻不下之时，传来淳于琼全军覆没、乌巢失守的消息，张郃、高览于是放火烧掉了用于攻打曹营的高楼，缴械投降。

这种说法给我们留下了想象空间：因为官渡袁军大营与乌巢相距不过四十里，假如来得及救援，袁绍完全可以在派兵攻打曹军大营的同时，增援乌巢。

因此，可以这样推测：袁绍这次派遣张郃等人攻打官渡曹营，不过是被逼无奈之下的破釜沉舟，是希望在曹操赶回官渡之前速战速决。但是，张郃等人很可能是根本不曾展开攻势就背叛了袁绍，从而打乱了袁绍的部署，也摧毁了袁绍的最后一道心理防线，于是袁绍带着八百名贴身将士，仓皇逃离官渡。换句话说，要不是张郃、高览临时变节，从乌巢得胜而归的曹操仍旧奈何不了袁军，官渡相持的格局仍将继续维持下去，因为袁军当时并未遭受重创。

在官渡之战中，袁绍、曹操虽然都投入了大量的兵力，但从整个过程来看，双方并未发生大规模的主力决战；声势浩大的官渡之战，其实只是零星的战斗加上若干次的攻防战，加上曹操偷袭乌巢成功，加上袁绍阵营内部的分化，最终是袁军的七万多兵力集体缴械投降，结果被曹操活埋。

官渡战后，曹操缴获了袁军遗留下来的大量辎重，其中包括当初曹操阵营内部暗中与袁绍接洽投降事宜的信件，有人建议曹操严加追查，将那些三心二意的家伙收而杀之，但曹操却说：当袁绍大兵压境之时，连他本人都觉得前途渺茫，更何况他人呢！于是，下令将所有通敌信件付之一炬，不予追究。

　　曹操的这种胸襟与气魄，并不是想学就能学到的。

　　袁绍的兵败官渡，关键在于他屡次贻误战机，没能化优势为胜势，这与他战术素养不足有关，而不是战略决策的失误问题。曹操一靠他的拖延战术，二靠许攸、张郃对袁绍的背叛，三靠袁绍的一再失误，最后幸运地取得了这场关键战役的最后胜利。

　　袁绍败了，袁绍跑了，袁绍的命还在。曹操是不想让袁绍与他同时活在这个世上的。曹操是不会"沽名学霸王"的，他还要继续对袁家用兵。

第十一章

东临碣石

官渡的失利，虽然让袁绍伤筋动骨，却并不是什么致命伤。此战之后，不但冀、青、幽、并四州仍然在他的控制之下，而且依然人多势众、兵强马壮，他的总体实力，即便不在曹操之上，也至少与曹操旗鼓相当。

问题在于，袁绍是一个输不起、放不下的人。他不但没有重整旗鼓、再与曹操一决雌雄的打算，反而只晓得将兵败官渡看作是奇耻大辱，终日消沉在自找的痛苦回忆之中，精神上很压抑，结果压抑出毛病来，最终在建安七年（202）五月呕血而死，葬在河北临漳西北。《献帝春秋》说，袁绍死后，袁统区内的老百姓莫不痛哭流涕，如丧考妣，这应该是可信的，因为袁绍生前所推行的政策法令比较得人心。

袁绍生前的重大失策之一，就是在确定接班人问题上犯了与汉灵帝几乎同样的错误：企图废长立幼，却又当断不断。

袁绍只有三个儿子：老大袁谭，老二袁熙，老三袁尚。

在袁谭、袁熙、袁尚这三个儿子中，袁绍最喜爱袁尚，并有意让他将来接自己的班。袁绍喜爱袁尚的理由有两点：第一，袁尚深得他宠爱的后妻刘氏的欢心；第二，袁尚仪表堂堂，一如当年的袁绍。

为了让袁尚顺理成章地做接班人，袁绍在献帝建安四年三月彻底打败公孙瓒之后，煞费苦心地把最有资格接班的袁谭，过继给了他的兄长，同时外放为青州刺史。

但是，袁绍把大儿子过继出去的做法，实际上并不能使小儿子名正言顺地继承他的衣钵，因为从继承序列来说，二儿子袁熙比袁尚更有资格。

至于让袁谭出任青州刺史的这一任命，更是一大失策。袁谭曾在献帝初平四年以青州都督的身份出镇平原（今山东平原西南）。此后，他不但赶跑了公孙瓒任命的青州刺史田楷，而且将北海相孔融打得妻离子散、亡命许都。正由于他的努力，才使青州成了袁绍稳定的势力范围。也因此，他在青州拥有较强的势力。在这种情况下，让袁谭做青州牧，实际上是为袁尚树立了强劲的竞争对手。

因此，沮授明确反对这一人事安排，同时恳请袁绍尽快确定接班人的人选。然而，袁绍非但不检视自己的失误，反而一错到底，又任命次子袁熙为幽州牧，以外甥高干为并州牧，他甚至还强词夺理，诡辩说："吾欲令诸子各据一州，以视其能。"

袁绍虽然钟情于小儿子，却由于种种顾忌，直到弥留之际，仍然没有明确宣布由袁尚做接班人。他的措置失当和犹豫不决，无疑为袁氏家业的最终毁于一旦预先种下了祸根。

袁绍刚一断气，袁氏阵营围绕着继承权问题，形成了泾渭分明的两大帮派。袁谭得到了郭图等冀州土著的拥护。以审配为代表的颍川士人则全力支持袁尚，他们谎称受了袁绍的遗嘱，拥立袁尚做了"大将军、冀州牧，兼督冀青幽并四州军事"。从青州赶回邺城奔丧的袁谭，一见小弟继承父亲衣钵已成定局，心犹不甘，于是自称为车骑将军。

袁尚并不单单具有袁绍的外表，确实也有一些手段。他没有让自己的哥哥袁谭回到青州，而是让他驻防在邺城南面的黎阳（今河南浚县东），手下没有嫡系部队可以支配，兵马全靠袁尚提供，甚至还指派了监军加以牵制和监视。

黎阳与邺县同属于冀州的魏郡（邺城是冀州和魏郡的治所），是冀州的重要门户。单靠袁尚拨给的这些兵力，袁谭只能勉强维持地方治安，一旦遇到外敌的进攻，根本没有余力作有效的抵抗。袁谭于是要求增拨兵力，袁尚在与审配合计之后，不予理睬，因而袁谭一怒之下杀了监军，兄弟俩的关系由此更趋紧张。

这兄弟俩之所以没有马上反目成仇，干戈相向，并不是他们不想为难对方，而是时间上不允许，因为这时，建安七年九月，曹操带着大队人马横渡黄河，来攻黎阳。

有人推论说，曹操之所以在袁绍死后百日才对袁尚兄弟用兵，一个重要的原因是他顾念到与袁绍多年的交情，不想在袁绍尸骨未寒之时，找他家人的麻烦。这种说法其实是想当然。曹操迟迟不与袁尚兄弟兵戎相见的原因，据我们推想，一是袁军虽然在官渡一战中惨败，但经重新集结后，仍颇具实力，这让曹操不敢小觑；二是曹操的获胜有一定的偶然因素，他事后回想起来肯定心有余悸，因而没有绝对把握，自然不敢轻举妄动。

　　曹操这次敢于对袁家兄弟用兵，一方面是因为他听从了荀彧的建议，认为确实有必要乘胜追击；另一方面，对于袁氏阵营为继承权而内讧的事，他也应该多少听说了一些，由此产生利用矛盾而取利的念头，也在情理之中。

　　袁谭自知兵力太少，无力抵挡曹军的攻势，因而连忙向袁尚告急。袁尚这时既担心战略要地黎阳有所不测，又唯恐派去增援的部队被袁谭乘机吞并，于是让审配留守大本营邺城，自己亲提大军增援黎阳。

　　曹操与袁家兄弟在黎阳的对峙，持续了整整七个月之久。虽然袁家兄弟最后撤出黎阳，退还邺城，却也证明袁家尚有强大的实力。

　　针对这一情况，郭嘉向曹操建议："袁绍很喜欢他的几个儿子，不知道让谁嗣位好。这几个人各有党羽，互相争斗，不用多久就会分道扬镳的。如果我们逼得紧了，他们就会联合起来，共同对付我们；反之，他们之间就会发生火并。我们不如南向荆州，做出要去攻打刘表的样子，以等待他们的关系发生变化。到那时再来收拾他们，进而收复河北就易如反掌了。"

　　这就叫静观以待其变，坐收渔人之利。曹操很高兴地采纳了郭嘉的建议。

　　果然没出郭嘉所料。曹操大军一退，袁家兄弟就干起来了。并不是没有人规劝他们不要内讧，青州别驾王修特地赶到冀州渤海郡的南皮（今河北南皮县东北），苦口婆心地劝袁谭与同胞手足言归于好；荆州牧刘表也为此分别写信给袁谭、袁尚兄弟，希望他们暂且不论是非曲直，首先同仇敌忾抗击曹操、为父报仇。可这两个人根本就听不进去，反而是越闹越僵。

袁谭、袁尚的交恶和相残，并不是什么新鲜事。当初，他们的父辈袁绍和袁术也曾经为了各自的利益，成了不共戴天的仇人。家族内部不和，无疑是汝南袁氏迅速从鼎盛走向没落的关键所在。

实力明显不济的袁谭，被他的亲弟弟打得落花流水，疲于奔命，先是从邺城郊外败退到渤海郡的南皮，然后又从南皮败退到青州平原国的国治平原（今山东平原县西南）。可是，袁尚仍然不依不饶，将平原围得水泄不通，夜以继日地轮番狂攻。

建安八年（203）八月，曹操正准备出兵南征刘表，袁谭在被弟弟袁尚围困于平原（今山东平原）之际，派谋士辛毗向曹操求救：宁可把冀州献给曹操，也不给他这个弟弟。有时候，兄弟之争比外人之争还要可怕。

待辛毗说明来意后，曹操召集众谋士商议，大多人认为还是先解决刘表为好，袁家兄弟不值得忧虑，这不，袁谭还派人向我们求救呢！让他们闹去吧。独有荀攸主张出兵。荀攸说：

"刘表坐保江汉之间，我们攻打吕布和袁绍时，他都没有积极反应，足以证明他没有四方之志，我们不妨慢慢对付他。袁氏拥有四州之地，兵力尚强，如果兄弟和睦以守成业，天下是很难平定的。现在兄弟交恶，势不两全，我们不乘乱而取之，到将来可就难了。"

这个建议是对郭嘉意见的一个延续，曹操觉得很有道理。过了几天，曹操动摇了起来。辛毗察言观色，知道有变，连忙找到郭嘉。郭嘉带着辛毗去见曹操。辛毗将袁氏兄弟的情况更为详尽地说了一遍，然后说："以明公之威，率兵去打疲敝的敌人，如秋风扫落叶一般。当今四方势力，没有比河北强大的，河北平定了，军队的实力就可以大增，天下都会为之震动。"《资治通鉴》的作者司马光在撰写这一段历史时，嘲笑了辛毗的这种表现：这哪里是为袁谭乞讨救兵，分明是劝曹操乘势攻取河北嘛！

曹操大喜，当即决定挥师北上！

曹操之所以对这次出兵有些犹豫，是他猜想袁谭向他求救必有他意。事实上，曹操的猜测是准确的：辛毗向曹操求兵是出于袁谭的谋士郭图的谋划。郭图对袁谭说："将军现在地盘狭小，兵力不足，粮草匮乏。袁尚如此猛力攻打我们，时间长了恐怕难以抵挡。我们不如把曹操拖进来对付袁尚。曹军北上，一定会首取邺城，袁尚定当回保邺城，这时我们就可以引兵向西，将邺城以北的地方据为己有。想得更好一点，曹操若把袁尚打败了，我们就可以把袁尚的兵马接收过来。曹操远道而来，粮草接济不上，定会自动撤军。如此，我们不仅能摆脱困境，而且能赢得将来对抗曹操的资本。"

这个建议从理论上说是行得通的。

十月，曹军渡过黄河，抵达黎阳。袁尚获此消息，果然回保邺城。撤围时，袁尚的部将吕旷、吕翔叛离，后来投归曹操，曹操以两个人为列侯。就在这时，袁谭暗中派人给吕旷、吕翔送来将军的印绶，吕旷立即将此情况报告给曹操，曹操笑道："我早知袁谭有别样打算。他让我打袁尚，自己好趁机招兵买马。我打败了袁尚，他却扩充了实力，并乘我疲敝之机对我攻击。可是现在，袁尚退兵了，我军依然很强，他是没有多少空子好钻的。"

可是，曹操此时还不愿意与袁谭闹翻，相反他还要袁氏兄弟继续地闹下去。于是，他派人去见袁谭，表示愿意为自己的儿子曹整聘求袁谭的女儿，以达到安定其心的目的。待这件事处理好之后，曹军回到了河南。

曹操这次的出兵和收兵，想法是清楚的。可袁尚却被搞糊涂了。他因此误以为曹操不过是虚张声势，于是在次年二月，再次率兵南进到平原，企图彻底解决袁谭。

为他留守邺城的，是审配和苏由。

螳螂捕蝉，黄雀在后。袁尚前脚刚走，曹操后脚就来攻邺城，驻扎在距邺城西南五十里路的洹水（今安阳河）岸边。不过，在此后的大约六个月内（从二月到八月），尽管曹操先后征服了邺城附近的邯郸、易阳、涉县等地，也得到了苏由、冯礼等原袁尚部将的接应，但是，任凭他如何想方设法，邺城城头始终飘扬着"袁"字大旗。

远在平原的袁尚，在七月间中止了对袁谭的进攻，带了一万多人回来援救已经沦为孤岛的邺城。但是，袁尚既没有收复大本营的决心，更没有打恶仗的勇气，他有的只是如何保住小命的逃难计划，还未等开战，就派了阴夔、陈琳前来接洽投降事宜。结果自然可想而知，曹操根本没费什么劲，就三下五除二，打垮了这支被审配寄予厚望却毫无斗志的援军。内战内行、外战外行的袁尚，跑得比谁都快，先是退到祁山（今河南安阳市西），然后索性逃窜到了中山国（今河北定县一带）。

虽然审配并未因为援军的溃散而灰心丧气，但是，他的高昂斗志既不能力挽狂澜，也无法成为激励手下将士浴血奋战的持久动力。很快，就有人抗拒不了对死亡的恐惧和对生存的渴望，在八月的一个夜晚，开启了邺城的东城门，放曹军进城。令审配痛心不已的是，使曹军蜂拥而入的人，竟然是他的侄子、东门校尉审荣。

《献帝春秋》中说，就在曹军蜂拥而入之时，审配先是在城门口略作抵抗，而后居然躲在一口水井之中，以期侥幸活命。对于这种侮辱审配人格的说法，裴松之在《三国志注》中给予了严厉的驳斥。裴松之的驳斥很有道理，曾经拼死战斗到底的审配，绝对不会有如此窝囊的表现。

比较可信的是《先贤行状》的说法。它说：尽管审配在邺城沦陷之后被生擒，但他的耿耿忠心和临阵指挥能力，还是得到了敌军主帅曹操的充分认可。曹操原本很想聘用他这个阶下囚，最后只是由于审配的拒绝合作，这才忍心送他下了地狱。

曹操的这次战斗收获颇丰，他最大的收获就是攻占了袁绍的老区邺城。邺城始建于春秋时代，长期以来就是华北地区的战略要地和经济重镇，东汉末年更是群雄纷争的热点地区。占领邺城，是曹操事业的又一重大飞跃；邺城从此取代许都，成为曹操集团的军事基地和政治中心（其中缘故，除了邺城战略地位重要之外，也与曹操从此放弃挟天子以令诸侯的战略有关）。此后十六年的中国史，也就是从建安九年八月到献帝延康元年十月，与其说是东汉的建安时代，还不如说是曹魏的邺城时代。

鹬蚌相争，渔翁得利。正是袁谭、袁尚的兄弟阋墙，使曹操事半功倍地解决了困扰多年的心病。但曹操并未被眼前的军事胜利冲昏了头脑，他清醒地认识到袁绍集团统治冀州多年，根基很深。为了争取民心、感化人情，以利于今后的政治控制，曹操不但慰问、优待了袁绍的遗孀和袁尚的妻子儿女，发还了袁家的家产，而且还特意跑到袁绍坟前，大张旗鼓地举行了规格很高的祭奠仪式。当然，这其中也未尝没有对袁绍这个儿时伙伴的悼念之情。

占据邺城之后，曹操又用了两年半的时间廓清了河北四州，尽管也遇到过一些困难，尤其是西征高干的时候，但总体而言，确如辛毗所说，如秋风扫落叶一般。

四州虽然平定了，袁熙、袁尚却跑了，投奔了辽西的乌桓。

从理论上说，稳定冀州乃至整个河北地区社会秩序的最有效、最直接的办法，莫过于肃清袁绍集团的残余势力；也只有斩草除根，才能杜绝死灰复燃。这就是曹操决意追杀袁尚、袁熙兄弟，不远千里北征乌桓的来由。

乌桓本名乌丸，是春秋时期活动在燕北地区的东胡部族的遗种，西汉初年被匈奴冒顿单于击破之后，避难到乌桓山（今辽宁昭苏达盟阿鲁科尔沁旗附近），从此不但臣服于匈奴，而且改称乌桓。

此时，统领乌桓的是大人蹋顿。

这个蹋顿，在东汉末年的长城内外名声很响，有人甚至把他与当年的匈奴单于冒顿等量齐观。不过，蹋顿实在是浪得虚名，他在个人能力方面既无法与冒顿相提并论，更没有建立堪与冒顿媲美的丰功伟绩。

袁绍时期，蹋顿曾派特使到邺城与袁绍接洽，谋求建立战略伙伴关系，双方一拍即合，从此他不但做了袁家的姑爷，而且多次出兵帮助袁绍打公孙瓒。事后，袁绍投桃报李，在建安四年三月肃清公孙瓒之后，假借汉献帝的名义，任命蹋顿为乌桓单于。

正因为有着这样一层关系，袁熙、袁尚兄弟在无法立足中原之后，流亡到辽西，找蹋顿寻求政治保护，并有意借助乌桓的力量，收复失地，重振家业。

曹操之所以决意长途跋涉远征乌桓，也是主要着眼于未来：虽然袁熙、袁尚是两个脓包，却也不能保证他们无法生养出一个能干的儿子来；一旦老袁家真的出了个能人，带着剽悍的乌桓兵杀回河北，那时事情可就麻烦了。

可是，当建安十二年二月，曹操正式把北征乌桓、剿灭袁绍集团的残余势力提上议事日程，包括大将张辽在内的众多幕僚，几乎众口一词地认定：即将付诸实施的这一计划，绝对不是高屋建瓴的英明决策；曹军当前的急迫任务，就是南下对付最具威胁的敌人——盘踞荆州多年的刘表，及其卵翼下的刘备。

支持曹操的，仍然是郭嘉。郭嘉没有正面否定张辽等同事的反对意见，而是通过摆事实、讲道理，论证了乌桓不徭不伐又可大胆讨伐的必要性和可能性。

必要性是袁家余孽和蹋顿联合后的潜在威胁，对于这一隐患，绝对不可掉以轻心。

可能性是：第一，蹋顿等人不会预计到曹操竟然劳师远征，这就有机可乘，打他个措手不及；第二，刘表其实是个徒有虚名的草包，他不但不会重用刘备，而且没有胆量趁曹军远征乌桓之机偷袭后方，因而无须担心两线作战。

对郭嘉向来言听计从的曹操，因此坚定了用兵乌桓、北上追击袁氏余部的决心。

建安十二年五月，曹军出征，八月，大败乌桓。战争的过程无须细说，总之曹操此战赢得漂亮，尤其是柳城一战。

十一月，逃到辽东的袁熙、袁尚被公孙康割下了首级，作为礼物送给了曹操。至此，长期令曹操头疼不已的袁绍集团，终于彻底覆灭。

回师的途中，曹操是愉快的，有曹操的诗章为证：

东临碣石，以观沧海。水何澹澹，山岛竦峙。

树木丛生，百草丰茂。秋风萧瑟，洪波涌起。

日月之行，若出其中。星汉灿烂，若出其里。

幸甚至哉，歌以咏志。（《观沧海》）

刚刚打过胜仗，曹操意气风发，登山望海，心情如波涛一般汹涌澎湃。此诗看似以景物描写为主，但是一切景语皆是情语，在景物摹写的后面，我们不难体会到作者豪气奋发的状态。整首诗歌大气磅礴，透出一股叱咤风云、吞吐宇宙的豪情壮志，刻画出一位政治家、军事家的胸襟气度。

回到邺城的曹操自然少不了喝酒，少不了温柔，也少不了写诗，但更多的是在筹划：下一步又是什么呢？

第十二章

轻取荆州

北征乌桓归来，曹操真的要对刘表动手了。

从汉献帝初平元年三月到建安十三年（208）九月，这十九年，不管是在名义上还是在实质上，荆州都是刘表（142—208）的荆州。

刘表是山阳高平（今山东鱼台东北）人，同益州牧刘焉一样，都是汉景帝之子鲁恭王刘馀的后裔。不过，他虽然与东汉皇室沾亲带故，但家道早已中落。

刘表早年师从著名经学家王畅（建安七子之一王粲的祖父），并在王畅的熏陶下，成了坚定的"反阉派"斗士，与张俭等人并称"八及"（"及"的意思就是德行崇高，令人敬仰）。

刘表虽然在灵帝建宁二年（169）的第二次党锢之祸中幸免于难，却也从此隐姓埋名，直到中平元年解除党禁为止。

在黄巾起义、党禁获解之后，刘表被大将军何进召为幕僚，后又转任北军中候。汉献帝初平元年，荆州刺史王叡被孙坚所杀，他被董卓操纵下的东汉政府认为是荆州刺史的理想人选，于是离开洛阳南下就职。

荆州当时混乱不堪，面临的形势极为险恶。这时，年近五十的刘表，表现出很大的魄力，首先争取到了南郡蒯氏、襄阳蔡氏等地方大族的支持，然后文武并用，致力于肃清境内的割据势力。因为他经营有方，荆州属下的长沙、零陵、桂阳、南阳、江夏、武陵、南郡、章陵八郡，很快重新团聚在同一面旗帜下。

此后，刘表对荆州的控制逐步增强，先是在初平三年正月战胜了孙坚，彻底浇灭了袁术对荆州的占有欲，然后在建安五年，成功平定以长沙太守张羡为首的内部叛乱，最终确立了对荆州八郡的强力控制，成为"南接五岭，北据汉川，地方数千里，带甲十余万"的大军阀。

从知识角度来看，刘表是一个比较纯粹的儒生；就历史作用而言，刘表是一个可敬的儒家政治学说的忠实实践者。

深受两汉经学熏陶的刘表，大致从建安五年平定内乱之后开始，转而高擎仁义施政的大旗，积极招揽境外的文人学士，大力发展文化教育事业，从而为荆州学派的崛起既准备了大量的人才资源，也营造了良好的政治氛围，荆州也因此取代洛阳，一度成为全国学术文化中心。这对传统文化的延续和发展起了很大的作用。

刘表的悲哀在于：他在本质上是一个文人，做一个纯粹的经学研究者和学术活动的组织者，本该是他的最佳选择，却不幸生在乱世，阴差阳错地做了一方的诸侯。假如他生在太平盛世，应该能在主管文教事业的岗位上，取得不俗的政绩和学术成就。

刘表对于礼乐教化的高度重视，不能不使他部分转移甚至弱化对外在事功的应有关注，因而显得过分保守，在兵连祸结的当时，一味地保境安民。结果是：他所扶植的荆州学派，在经历了短暂的辉煌之后，随着荆州的"沦陷"和被肢解而无形消散。

就在刘表致力于发展文教事业的时候，曹操与袁绍两大阵营为争夺对华北的控制权而展开了激烈的拼杀。当时，刘表口头上答应了盟友袁绍的请求，却并没有给予实质性的支持；与此同时，他又没有听从韩嵩、刘先、蒯越的建议，趁曹操急需帮手之机归附曹操。他的对策是："安坐而观望"。

多年来，刘表的政治目标始终是偏安一隅。从他的立场来看，他既不支持袁绍也不援助曹操的中立政策，是完全正确的。因为他拥有庞大的队伍，占据着蒸蒸日上的荆州，没有理由不做割据者而学张绣那样去寄人篱下。

刘表这时所犯的唯一错误，就是没有把韩嵩和刘先这两个"亲曹分子"绳之以法，杀鸡儆猴，这就埋下了祸根。韩嵩和刘先，一为荆州从事中郎，一为荆州别驾，身居要职，却不但不为主公刘表的根本利益着想，反而建议刘表投降，真是不应该。

我们之所以认定刘表太保守，是因为他对"安坐而观望"方针理解得过于机械，执行得过于呆板，而没有随着时局的不断变化，相应地调整自己的对策。过于保守而导致的最严重的失策，就是他在建安七年九月至建安十一年（206）三月间，让刘备出兵叶县（今河南叶县西南）向曹操发难，并且在博望（今河南方城县西南博望集）大败夏侯惇、于禁，但此后一直没有采取任何实际行动，坐视曹操依次解决袁绍的残余力量，攻占河北四州。看来，刘表对唇亡齿寒的古训，理解得不是很深刻。实际上，曹操当时最担心的，就是刘表趁他北上对付袁谭、袁尚等人之机，出兵攻打他的战略后方。

除了过于保守之外，刘表后来也没能处理好与荆州地方大族的关系。尤其是在与襄阳蔡氏联姻之后（大约在建安八九年间），刘表对蔡氏家族（譬如小舅子蔡瑁及其外甥张允）的过分信任和重用，打破了荆州地方大族之间原有的利益平衡。后来，极力劝说刘琮投降曹操的，基本上都是那些利益得不到满足的人。

刘表续弦蔡瑁的姐姐，本意是想进一步搞好与地方大族的关系，但结果却让人始料不及：不但因此招致其他大族的不满，而且平静的家庭生活从此矛盾重重。刘表本来很喜欢大儿子刘琦，因为刘琦长相和他差不多，也是"姿貌甚伟"。但是，自从蔡氏过门以后，小儿子刘琮这只曾经的"丑小鸭"取代了哥哥在父亲心目中的地位。

导致刘表"移情"的原因是：刘琮娶了他后娘的侄女，蔡氏因此义不容辞地为她的侄女婿吹吹枕头风，以便将来做刘表的接班人；年过花甲的刘表，于是爱屋及乌，喜欢蔡氏之喜欢，讨厌蔡氏之讨厌。这就犯下了与汉灵帝、袁绍几乎同样的错误。

失宠的刘大公子因此很焦虑，却又想不出什么好办法。《三国志·诸葛亮传》说，刘琦这时三番五次地去找诸葛亮，恳请他帮忙出点子，但诸葛亮每次总是借故推脱。最后，刘琦只好把诸葛亮骗到后花园中的一座小楼上喝酒，待酒过三巡、菜上五味，他吩咐下人搬走楼梯，然后对诸葛亮说："今日上不至天，下不至地，言出子口，入于吾耳，可以言未？"诸葛亮的答复是："君不见申生在内而危，重耳居外而安乎？"也就是劝刘琦效法晋献公的公子重耳（即后来的晋文公），远离襄阳（刘表在就任荆州刺史之初，把荆州的治所从原先的武陵汉寿迁到了襄阳）。这两人密谈的时间，大概在建安十二年末到次年初。当时，诸葛亮在刘备帐下刚待了没多久。

不过，《三国志·诸葛亮传》的这一记载，值得讨论。我们是否从另一个角度这样来理解：在这件事情上，诸葛亮应该是主动替刘琦出主意，而不是被动接受刘琦的咨询。他早在隆中对策时，就已经极力劝说刘备尽快夺取荆州。这次，他表面上是为刘琦的人身安全着想，实质上就是唆使刘琦首先外出积聚实力，然后再与刘琮争夺对荆州的继承权；而一旦刘琦、刘琮兄弟相争，刘备就可以利用混乱形势，趁火打劫。

建安十三年春，江夏太守黄祖被孙权打死。于是，刘琦趁机毛遂自荐，接管黄祖死后留下的空缺；随后，刘琮也被正式确定为接班人。兄弟俩从此反目成仇。

接班人问题没有解决好，这是刘表的一大失策。

另一个失策便是收留了刘备。

刘备的作秀才能，在东汉末年首屈一指。司马彪《九州春秋》说，有一次刘表设宴招待他，刘备席间起身上厕所，但回来重新就座时，已经是"泪眼婆娑"了。刘表见状很好奇，于是问他为何老泪纵横。刘备的回答让人起鸡皮疙瘩：如厕时，竟然发现腿上长了几条赘肉；然后自我分析说，这些赘肉是长久不骑马作战的副产品；最后，和盘托出悲伤的原因：是至今尚未完成自己的人生目标。

假如《九州春秋》的这一记载确有其事的话，那么，刘备作这样的陈述，目的不过是想减弱刘表对他的防备心理。实际情况是，刘备自从建安六年（201）九月被刘表收留以来，一直很不安分，暗中有很多的小动作，其中包括先后罗致徐庶、诸葛亮等人才。最为明显的例证，就是刘表让他驻守新野（今河南新野），但时至建安十三年八月，他已经带兵开赴到了襄阳附近的樊城（今湖北襄樊市北），这分明有意乘刘表新死之机，攻占襄阳。

反正刘表死后，荆州肯定不再是刘琦或者刘琮的荆州，这兄弟俩被曹操视为猪狗，说是草包也不过分。倘若不是曹操迅速南下，这荆州的主人应该是刘备，就像当年陶谦死后的徐州。《魏书》杜撰说，刘表临终之际，把荆州托付给了刘备："我儿不才，而诸将并零落，我死之后，卿便摄荆州。"但刘备不忍心接受。这种说法我们有理由表示怀疑：刘备凭什么总是有这样的好运气？

在建安十三年九月占领荆州之前，曹操早就有意将荆州据为己有，并至少有两次已经开始了实质性的南征。第一次是在建安六年三月，曹军已经推进到了距离襄阳不远的安众（今河南镇平县东南），但曹操最终还是接受了荀彧的建议，掉转枪头，先行收拾大败于官渡的袁绍集团；第二次是在建安八年八月，当时由于荀攸等人的异议，止步于荆州东北角的西平（今河南西平县西）。

对于曹操而言，他不能不拿下荆州，尤其是荆州江北地区，一是因为荆州在刘表的治理下日渐富裕，二是荆州的战略地位实在重要。从曹操的角度来说，一旦占有荆州江北地区，不但可以依托该地区的地势据险守要，从而进退有余，而且他的兖州、豫州就能从军事前线转变为战略后方。

建安十三年七月，曹操率大军正式南征。

大军南下之前，曹操做了比较充分的准备。首先，有鉴于荆州地带河流纵横，他特地在邺城开挖了玄武池，专门用以操练水军；其次，派遣张辽、于禁、乐进这三员大将，分别驻守许都附近的长社（今河南长葛东）、颍阴（今河南许昌）和阳翟（今河南禹县），以防不测；第三，提拔前将军、槐里侯马腾为卫尉，让他到许都任职，并将其家属迁到邺城，扣为人质，同时任命其子马超为偏将军、都亭侯，留在关中统领马腾的队伍。

曹军七月出发，行经叶县、宛县，沿途似乎没有遇到任何抵抗，八月间就顺利进抵新野。

曹操这次南征遇到的机会实在是太好了。《后汉书·刘表传》说，就在曹军进抵新野前后，也就是八月，刘表因为背上的毒疮突然发作而死亡。

在刘表弥留之际，他的两个宝贝儿子就已经闹得不可开交。刘琮这一方坚决不让刘琦探望奄奄一息的刘表。刘琦呢，暗中打算趁奔丧之机，动手抢夺继承权。假如不是曹操这时已经兵临城下，要想阻止这两兄弟兵戈相向，估计难度绝对不亚于让曹操退兵。

曹操在新野还没有待上几天，就接到了荆州新主刘琮的降表。可怜刘表苦心经营了近二十年（190—208）的荆州，竟然在如此短促的时间内便土崩瓦解，而且是不战而降，这种结果，显然是谁也不曾预料得到的，曹操也没有料到。

这种结局与刘表奉行保守战略，虽无直接的关联，但有一点需要着重指出：在动乱的时世中，假如不积极进取，那就意味着等待被人宰割，所以刘表的保守战略，从根本上来说是绝对错误的抉择。

倘若非得探究刘表集团迅速败亡的原因，那么，原因就在于：貌似强大的刘表集团早已四分五裂，并大致可分为以下三大派别。

第一种势力是团聚在刘琮周围的荆州地方势力，以蔡瑁、张允为代表。这一派实力最弱，能量最小。因此，他们虽然有意组织抵抗，但力不从心，最终只好投降。

第二种势力是以蒯越、傅巽、王粲为代表的亲曹派，实力最强。在政治立场上，他们不但不支持刘琮继续维持割据局面，而且强烈反对刘备。对待曹操的来攻，蒯越等人给刘琮分析：第一，曹操以天子的名义来征伐，以下抗上，拒之不顺；第二，公子刚刚继位，局势尚未稳定，此时要想抗拒大军，实在是太危险；第三，若以刘备去抵御曹操，如果不胜，曹操不会放过公子，若是刘备将曹操打败了，这个荆州也就不会是公子您的了。正是在蒯越等人的努力下，刘琮被迫选择了投降路线。也因此，他们都得到了曹操的奖赏。

第三种势力便是刘备。对刘表集团而言，刘备的势力可谓是一把刀。刘表在世的时候，这把刀尚可勉强刺向敌人；而刘表一死，这把刀只可能是刺伤自己了，正如蒯越分析的那样。

曹操得知刘琮是瞒着刘备向自己投降的，而且刘备的军队已经南逃。曹操担心刘备会取下江陵，于是撇下辎重车辆，亲率五千精骑，追赶刘备。

刘备早在曹军进抵宛县之时，就已经得知了曹操南征的消息，他急忙从樊城出发，向南逃窜。《三国志·先主传》说，刘备在经过襄阳时，诸葛亮劝他趁势攻打刘琮，占有荆州，可刘备不忍心抢夺恩人之子的地盘，继续南下。实际情况很可能是：刘备自知即便攻取襄阳，也守不住；与其这样，不如不干。

《三国志·先主传》接着说，因为刘备很得民心（假如真是如此，那更能表明他平时确实是在拆刘表的台），所以随他南撤的荆州老百姓多达十余万人，满载着辎重的车辆也有数千辆之多，这就使得队伍过于臃肿，每天只能走十几里路。于是有人建议刘备丢下这个大包袱，轻装疾行，以免被曹军追及。但刘备"爱民如子"，拒绝接受这一善意的劝说，结果在当阳县城东北面的长坂，被曹操亲自率领的骑兵部队打得落花流水。

我们认为，刘备之所以愿意带着十余万荆州老百姓（姑且认为这些老百姓是自愿的），以每日行走十几里的速度赶路，完全是因为他想当然地认为曹军不可能在短期内追赶而至。但让他始料不及的是，曹操竟然会舍弃大部队，做一日一夜狂走三百里路的急行军。事实上，刘备诸如此类的自以为是，已经不是第一次了。

建安四年夏，曹操让刘备和朱灵去攻打企图从下邳北上的袁术，刘备得以脱离曹操的监控。到了下邳后，袁术南逃，不久病死。曹操命刘备率军回许都。可是，刘备让朱灵先行返回，自己则袭杀了徐州刺史车胄，公开背叛了曹操。

曹操认为刘备是一个豪杰，在与袁绍决战之前必须先解决掉刘备。于是对刘备的背叛迅速作出反应，亲带大军东征。

刘备以为曹操正忙于对付袁绍，绝不可能抽身来率兵东讨。当手下部将报告曹操亲率大军前来征伐，他居然大吃一惊，既而还是不太相信，自己带了几十名骑兵前去探看。当他看到曹操的帅旗时，已经来不及组织抵抗了，见情势危急，他丢下军队，独自逃往青州投奔袁谭去了。他在小沛的军队全被曹操收编。曹操还俘虏了刘备的妻子儿女，并围攻驻防下邳的关羽。关羽孤立无援，难以支撑，只得向曹操投降。

刘备对曹操行动的快捷一直认识不足，他这人就是不知道吸取经验教训！

而且，刘备并不是在刚刚抵达长坂的时候被曹军追上的；在曹军赶到长坂之前，刘备在长坂已经待了一段时间，在那里接见了孙权派来的鲁肃，并且骗鲁肃说，他打算前去投奔老朋友——苍梧（郡治在今广西苍梧市）太守吴巨。其实他的目的地是荆州的战略重镇和军需物资补给基地江陵（今湖北江陵），最后双方在长坂达成了联合抗击曹操的初步意向。

大败于长坂的刘备，这时再一次地不顾老婆孩子（更不必说老百姓）的死活，只带着诸葛亮、张飞、赵云等数十人拼命逃窜，他的两个女儿因此做了曹仁的俘虏。

同时成为曹军俘虏的，据《三国志·诸葛亮传》说，还有刘备主要谋士之一的徐庶的母亲，徐庶也正因为老母被俘，所以离开刘备，转投了曹操。

曹操这次向南突击的目的，是担心刘备夺取江陵，所以没有乘胜追击向东南方向逃窜的刘备一行，而是继续南下，攻占了江陵。至此，曹操基本上实现了南征荆州的目标。

有人认为，曹操在占领江陵之后，应该一鼓作气，立即挥师东进；要不是他磨磨蹭蹭，贻误了战机，赤壁之败完全可以避免。

其实不然，这一是因为当曹操攻占江陵之初，麾下只有五千兵马，他的主力部队尚滞留在新野，根本不可能迅速调集人力、物力，发动大规模的攻势；二是因为，曹操在接管荆州北部之后，完全有必要处置善后问题。

事实上，他也确实为此做了大量的工作。

首先是任命刘琮为青州刺史，将他调离荆州，以防万一。

其次是论功行赏，封了蒯越、傅巽等十五位亲曹派人士为列侯，并酌情授予相应的官职。

第三，择用荆州本地人才。

第四，指派零陵人刘巴去招降长沙、零陵、桂阳三郡。

曹操在处置荆州善后问题上，确实做了大量的工作，但他实际所做的，与他所应该做的，仍有相当的距离。

他原本应该对荆州地方官员进行严格的考核，合格者重新上岗，不合格者加以淘汰。但实际上，除了襄阳、江陵等少数军事重镇外，原来的荆州地方官员，绝大部分得到了无条件的留用。这些未经改造的原刘表部下，有很多人在曹操兵败赤壁之后，改换门庭，做了刘备的文臣或武将。其中最著名的，当属那位在定军山大败曹军、斩杀夏侯渊等人的黄忠。

在接管荆州的同时，曹操还收编了刘表的军队。这支队伍虽然人数众多（约有七至八万），但作风松散，战斗力低下；他原本应该加以严格的整训，但实际上并没有做这方面的努力。

轻而易举地攻取荆州，可谓利弊参半。就其负面作用而言，就是它极大地助长了曹操骄傲轻敌、急于求成的心态，也影响了曹操对于时局的评估。这种不健康的心态，已经比较明显地体现在对善后问题的处理上；而后，又在立足未稳的情况下，急躁冒进，东向与孙刘联军决战，这就犯了兵家大忌。

第十三章

遗恨赤壁

曹操在建安十三年七月南下进攻荆州的时候，并没有顺势攻打江东的意思。这一是因为，能否顺利攻取荆州还是一个未知数；二是因为，假如他真的有意剿灭孙权，完全可以避开水域密布的荆州地区，改从淮南进军江东。

曹操在攻占荆州后，之所以改变初衷，在很大程度上应该归因于：来得太快、太突然、太容易的巨大胜利，极大地助长了他的骄傲、轻敌、急于求成的心态。

曹操拿下荆州后，益州牧刘璋派特使张松前来问候，实际上就是准备与曹操联盟。张松虽然貌不惊人、品德不佳，却很有见识，聪慧过人。当时曹操写了一部兵书，杨修拿给张松看，张松在宴席上边吃边看，不一会儿就将内容全部背了出来。张松还暗中打算帮助曹操夺取益州。曹操以貌取人，看不起张松，不予礼遇，这使张松愤恨不已，因而在返回益州之后，力劝刘璋断绝同曹操的来往，转而与刘备结好，曹操也因此丧失了轻松进取益州的良机。曹操对张松的怠慢就是骄傲情绪的典型表现。

曹操的轻敌情绪，从他在赤壁战前写给孙权的那封信中已可略见端倪，他宣称："近者奉辞伐罪，旄麾南指，刘琮束手。今治水军八十万众，方与将军会猎于吴。"曹操虽然未必指望孙权也像刘琮那样慑于兵威，不战而降，但字里行间，却也反映出他过高估计自身实力、盲目轻敌的心态。

曹操的这种骄傲轻敌情绪，也波及他的绝大多数幕僚。于是，当刘备投奔孙权的消息传来之时，他们大多认为孙权必然会像公孙康送斩袁尚兄弟那样，将刘备的首级送上门来。当时，只有程昱等极个别人认定孙权不但不会杀刘备以求自保，反而肯定会与刘备联手反抗曹操。

程昱对于孙、刘必然联合的判断是正确的。其实，早在这年八月刘表病死之际，孙权就已接受鲁肃的建议，指令他以吊丧为名急赴襄阳，与刘备商讨联合抗击曹操的事宜。但是，荆州政局实在变化太快，当鲁肃在当阳长坂与刘备相遇之时，刘备已然成了凄惶无所归依的丧家之犬。

临淮东城（今安徽定远县东南）人鲁肃，是东汉末年现实主义政治家的典型代表。还在建安五年，当他在好友周瑜的引荐下与孙权会面时，就为孙权规划了建立千秋功业的三部曲：一是巩固江东根据地；二是进据整个长江流域，与曹操南北对峙；三是南面称帝，逐鹿中原，统一南北。他因此被孙权倚为股肱。

鲁肃的可贵，还在于他能根据时势的变化，相应地调整外交策略。这一点，他可以与诸葛孔明相比。于是，在曹操南伐刘表、荆州岌岌可危之际，他极力建议孙权联刘抗曹。在长坂，鲁肃虽然看到刘备已成丧家之犬，但他仍然敏锐地意识到刘备在荆州的影响力，因而并未动摇联合刘备的决心。

颇有心机的刘备，尽管急切地想得到孙权方面的帮助乃至收留，表面上却仍然不动声色地告诉鲁肃，吴巨的苍梧郡将是他的下一个栖身之地（刘备说吴巨是他的老朋友，其实不然，因为吴巨是刘表的亲信，不可能与他混在一起）。聪明的鲁肃未尝没有洞悉刘备的口是心非，也就单刀直入，将酝酿已久的合作计划和盘托出，刘备自然大喜过望。于是，鲁肃代表孙权，与刘备达成了联手抗击曹操的初步意向。

孙刘战时联盟的正式缔结，是在刘备兵败长坂、窜逃到夏口（今湖北汉口）之后。当时，刚刚受到重创的刘备，比以往任何时候都更为自觉地意识到与孙权联合的必要性，因而让诸葛亮随同鲁肃去柴桑（今江西九江市西南）拜见孙权，具体协商缔约事宜，并敦促孙权出兵抗曹。

《资治通鉴》说诸葛亮抵达柴桑的时间是在十月间。由于当时曹操尚未发兵前来攻打，因而孙权虽然早有联刘抗曹的打算，但并不急于和刘备缔约。也因此，诸葛亮为说服孙权费尽了心机，他拼命向孙权保证，只要孙刘联合对付曹操，就能战而胜之，理由是：第一，刘备虽然兵败长坂，但尚有近两万的兵力可供投入战斗，这样再加上孙权的人马，联军的实力相当可观；第二，以北方人为主要构成的曹军，不但远来疲惫，而且"不习水战"，联军完全可以利用曹军的这一弱点加以击破；第三，曹操刚刚占领荆州，根基不牢。

孙权对诸葛亮的这个主动出击曹军的计划并不赞同，至少是持保留意见。

最终促成孙刘结为同盟的，是曹操派人送达柴桑的挑战书。这封挑战书，固然在一段时间内震慑了张昭等人，并纷纷劝说孙权放弃抵抗，却使孙权真切地感受到了现实的威胁。

野心勃勃的孙权，本就对刘表名下的荆州地区虎视眈眈，也并不甘心让曹操长期占有荆州，只是觉得目前没有必要与如日中天的曹操硬拼，这才隐忍不发，拒绝了诸葛亮主动出击的提议。而如今，曹操即将兵临城下，自然也就破釜沉舟，要与强敌一比高下。他随即任命周瑜、程普、鲁肃分别为左、右都督和赞军校尉，命令他们率领大约三万人马，西上阻击曹军。

表面上看，孙权在作出这个决策之前，始终犹豫不决，倒是鲁肃、周瑜上蹿下跳，极力撺掇，局外人也就据此将联刘抗曹决策的出台，归功于他们二人。这其实有一定的误解，如果换个角度来看，不但孙权少年老成的形象呼之而出，也可见"民主集中制"的决策机制得到了充分的体现；通过不同意见的交换和交锋，孙权成功地统一了部下的思想和行动。曹操在五十四岁那年，这才遇到生平真正的对手。

周瑜（175—210）字公瑾，庐江舒县（今安徽舒城）人，是东汉末年屈指可数的文武全才。他早在汉献帝初平元年，就倾心结交后来的孙氏集团的第二代领导人孙策，而后，为孙策拓地江东六郡立下了汗马功劳。当建安五年孙策遇刺身亡，周瑜又为孙氏集团最高统治权的平稳过渡呕心沥血，从此与张昭一文一武，同心辅佐孙权，成为孙权的左膀右臂。

曹操在接管荆州之后，原本应该听从贾诩的正确建议。随军南征的太中大夫贾诩，曾经委婉地向他表达了自己的意见：一、全面、稳妥地推进新占领区的整顿和重建工作，进而确立对荆州的绝对控制，是当前工作的重中之重；二、乘胜进伐江东，绝非高屋建瓴的英明决策。

贾诩的这个建议，其实与病逝不久的郭嘉不谋而合。

足智多谋的颍川郡阳翟县（今河南禹县）人郭嘉（170—207），尽管有着"不治行检"的缺陷，却无疑是曹操手下思路最诡奇的天才谋士。在追随曹操的十一年间，他为消灭吕布、击破刘备、扫平袁氏、打败乌桓，贡献了诸多克敌制胜的奇谋佳策。他的神机妙算，让曹操倾心折服；他的通脱和不拘成见，也让曹操无比欣赏。

郭嘉生前一再动员曹操早日平定荆州，却从未建议攻取江东。曹操这次之所以置郭嘉的遗愿和贾诩的忠告于不顾，在尚未站稳脚跟的情况下急躁冒进，东向与孙刘联军决战，就因为眼前的突然胜利，模糊了他对时局的判断。

曹操这次实际投入战斗的兵力，并不像他本人所宣称的那样多达八十万，也未必如周瑜战前所估计的那样，在二十二至二十四万之间。不过，尽管具体数目不详，但曹军总数远远超出孙刘联军，却是毋庸置疑的。

曹军从江陵（今湖北江陵）启程东下的时间，《资治通鉴》说是在建安十三年十月底。大致与此同时，周瑜、程普、鲁肃等人也从柴桑启程，率领水师由长江进至樊口（今湖北鄂城西北），与驻扎在那里的刘备相遇。《江表传》说刘备当时在得知曹军东下的消息之后，万分焦急，天天派人在江边巡逻，打探孙军的动向，但在孙军抵达樊口之后，一见孙军兵力不过三万，因而大失所望；失望之余，就对作战前景相当悲观，只带了关羽、张飞等两千人马跟在后面。《江表传》的这一说法虽然只是一面之词，但从刘备一向的为人来看，却也未必不是事实。

　　然后，孙刘联军继续"溯江西上"，与顺江东下的曹军相遇于赤壁北侧的长江江面上。

　　对于赤壁的具体方位，自从南北朝以来就一直争论不休，至今还没有肯定的结论。有人说是在今汉阳县的临嶂山，有人说是在钟祥市西北六十里汉水东岸的赤壁崖，也有人说是在今黄州市的赤鼻矶，又有人说是在今汉川县的赤壁草市，诸如此类的不同说法，多达九种。其中的"蒲圻赤壁"（即赤壁位于今湖北蒲圻市西北），是目前最权威的说法。我们倾向于接受《大清一统志》的观点：赤壁位于今嘉鱼东北与武昌西南交界处的长江之滨。

　　敌对双方在赤壁北侧的江面上相遇之后，随即交战。这场遭遇战的结果，是曹军大败。失利的原因，一是以荆州降卒为主的曹军水师，战斗力不如训练有素的江东水军；二是据说当时军中"疾疫大兴"，跟随曹操南下的北方将士，因为水土不服，生病的很多。

　　曹军中当时究竟感染了什么疾病，史书没有明确交代。近年来，有人推论说是"急性血吸虫病"，有人说是"斑疹伤寒"，也有人说"恶性感冒"，是否果真如此，不得而知。曹军所患的疾病，可能是由生存环境突然变更而导致的病症；也唯其如此，具有免疫力的孙刘联军，才能在曹军"疾疫大兴"之际，没有被感染。

　　曹军在兵败赤壁江面之后，迅速退守到乌林（今湖北洪湖市乌林镇），大本营很可能在下乌林黄蓬山一带，然后向左右两翼展开，西南至下乌林，东北至练口以北。与此同时，孙刘联军乘机向西推进到了乌林对面的蒲圻陆口一带，双方隔着长江南北对峙。

　　这时，曹军的战船全部停靠在乌林一侧的江畔，但是，曹操并未像《三国演义》所说的那样，听从了荆州名士庞统的建议，下令将战船用铁链互相连接起来，以解决因船身颠簸而导致的将士晕船问题。

　　以北方人为主的曹军，诚然存在着短期内无法克服的晕船问题，但很难想象，善于用兵的曹操，面对隔江对峙的以水师为主的孙刘联军，竟然失策到把战船固定起来，主动放弃"制江权"。

退一万步说，假如曹军战船真的全部用铁链连接、固定起来，那么，黄盖在建议实施火攻战术的时候，根本没有必要设计向曹操诈降，因为他的船队完全可以毫无顾忌地接近曹军的战船，然后直接放火烧掉敌军的船只。反过来说，也正因为曹军的船只并未捆绑在一起，完全有能力中途拦击敌军船只，所以黄盖想通过诈降来骗取曹操的信任，以便让实施火攻的船只尽可能靠近曹营。

实际上，《三国志·周瑜传》仅仅提到曹军战船"首尾相接"。所谓"首尾相接"，意思是说曹军战船密集地停泊在一起。

零陵泉陵（今湖南永州市）人黄盖，是孙氏集团的三代老臣，曾经追随孙坚，讨伐过董卓，后来长期致力于为孙权招降境内的山越人。也正是在长期的戎马生涯中，黄盖积累了比较丰富的作战经验，因而在目睹曹军战船"首尾相接"之后，提议采取火攻战术，进而为确保这一战术的成功实施，又自告奋勇，请求担任诈降曹操的主角。

不过，在乌林之战中，黄盖并未像《三国演义》所说的那样，与周瑜合演"苦肉计"，以此让曹操深信他是真心实意地请求投降，这里面有个逻辑推理问题，《三国演义》至少没有考虑到：黄盖真的当众冒犯周瑜，并且公然提议向曹操投降，那么，周瑜显然不可能再任命黄盖为前锋，要不，这一任命必将引起曹操的怀疑。

从周瑜欣然接受黄盖的建议这个事实来看，很显然，他当时并没有比这个战术更好的克敌制胜的办法。实际上，要不是周瑜采纳了黄盖的建议，而曹操又一时不察，接受了黄盖的诈降，乌林之战的局势，很难朝着有利于孙刘联军的方向发展。

黄盖写给曹操的那封降书，保存在《江表传》中。它主要包含三层意思：第一，明确说明自己在孙氏阵营中的地位和身份，实际上，他的这种身份和地位，是曹操愿意接受投降的关键所在；第二，郑重说明自己的投降动机，是眼见孙军必败无疑，所以不想与负隅顽抗的周瑜、鲁肃之辈同归于尽；第三，自我表态愿在双方交战时，阵前反戈，帮曹操打孙刘联军，以此作为见面礼。

这封降书几乎没有任何破绽，尽管如此，曹操还是担心其中有诈，于是仔细盘问了前来送交降书的信使（对于这位信使，史书并未指名道姓，《三国演义》说是会稽山阴人阚泽）。这位不曾名垂史册的信使，显然不是等闲之辈，他的滴水不漏的答复，消除了曹操的所有疑虑。临行前，曹操要他转告黄盖："若信实，当授爵赏，超于前后也。"于是，周瑜、黄盖开始加紧准备。

由于江东水军驻扎在长江南岸的蒲圻陆口一带，而曹军则屯驻在长江北岸的乌林，两地刚好呈西北——东南走向，所以周瑜、黄盖如要实施火攻的话，最好选择在盛行东南风的时候，这样，既可以加速孙军所有战船向西北方向行进，又能使火势向西北方向蔓延，而不至于烧到尾随在"火攻船队"之后的江东水军其他战船。完全可以认为，假如没有东南风的帮助，诈降的黄盖固然可以烧掉曹军的若干艘战船，却绝对不可能将曹军的所有战船付之一炬，更不可能连带烧毁岸上的曹军营寨。

需要指出的是，孙军实施火攻那天所依靠的东南风，既不是诸葛亮装神弄鬼"借"来的，也不是由东南暖湿气流带来的，而是当地长年流行、周期性出现的"湖陆风"。

最早提出这个观点的是张靖龙、周汝英两位先生。他们从乌林一带的地形地貌和气候变化着手，详尽地分析了"湖陆风"的形成原因，认为"湖陆风"是由水域和陆地之间的温度与气压差异而造成的。也就是说，乌林之战中所刮的东南风是当地的"湖陆风"。

《三国志·武帝纪》说乌林之战发生在建安十三年十二月。当时，周瑜在一切准备就绪之后，命令黄盖指挥十艘满载着干草枯柴的"蒙冲斗舰"以及十艘"走舸"（类似于快艇的小船，分别系在"蒙冲斗舰"

之后，以便在"蒙冲斗舰"点燃后，让士兵撤离），驶向北岸的曹营，他自己则率领主力部队乘坐大船尾随在后。

黄盖的"火攻船队"，在行至江中时，开始扬帆疾进，同时齐声喊叫："黄盖前来投降了！"曹军当时信以为真，"皆延颈观望，指言（黄）盖来降"。黄盖等人在距离曹军战船群大约二里处，点火烧着了十艘"蒙冲斗舰"，自己则跳上"走舸"。

十艘火球般的"蒙冲斗舰"，在强劲的湖陆风的吹动下，转眼之间就冲进了曹军水寨，曹军的大多数战船顿时淹没在一片烟山火海之中，而且大火很快蔓延到岸上的营寨。就在这时，周瑜、刘备弃船登陆，各自带兵杀入乌林。混乱不堪的曹军，几乎完全丧失了抵抗力，被烧死、淹死和杀死的，数不胜数。

在极度的混乱中，曹操带着残兵败将夺路而逃，他们沿着长江北岸水陆并行，向西撤退，在行至白螺狮子山时，水师舍舟登陆，烧掉战船，同陆军一起向北撤退，经朱河、汴河、华容道，退回到了江陵。在仓皇逃难中，一度因为大雾，在云梦泽（今湖北洪湖一带）迷了路，后来在华容道上又因为道路泥泞，心急慌忙中，自相践踏而死者，不计其数。

在曹操败退江陵之际，周瑜、刘备水陆并进，乘胜追击，一直追到南郡境内。曹操这时又犯了一个严重的错误。他原本应该留驻江陵，调兵遣将，与孙刘联军再决雌雄。倘若果真如此，那么，周瑜、刘备不但不可能攻取荆州大部，而且能否保住既有的胜利成果，也未可知。然而，曹操却因为损兵折将而情绪低落，完全丧失了斗志，结果是：留下征南将军曹仁、横野将军徐晃守江陵，折冲将军乐进驻防襄阳，自己则率领余部踏上了北归的路途。

曹操北撤后，曹仁与周瑜在江陵打了一年多的仗，周瑜还在此地被乱箭射中，受了重伤。曹仁所部的伤亡也不小。为了保证在东线江淮一带与孙权作战的战斗力，曹操让曹仁放弃江陵，退保襄樊。从此以后，襄阳、樊城一直掌握在曹操手中，成为他南面重要的战略屏障。

曹仁北撤后，孙权取得了江陵及江陵以东的大片土地，任命周瑜为南郡太守，驻守江陵；任命程普为江夏太守，驻守沙羡；吕范为彭泽太守，吕蒙为浔阳令。这几个人从江陵到九江沿江布防，保证了江东的相对安全。

刘备也乘机扩大势力。他推举刘琦为荆州刺史，并派兵攻占了长江以南的武陵、长沙、桂阳、零陵四郡，让诸葛亮督零陵、桂阳、长沙三郡，以赵云为桂阳太守。不久，刘琦病死，刘备自己做了荆州牧，治所设在公安。

刘备有了实力和地盘，孙权便感到了威胁，但孙权要在东边与曹操对峙，荆州防务不得不倚重刘备，因此也只好认可刘备的既得利益。为了进一步拉拢刘备，孙权主动地将自己的妹妹嫁给了这位大耳朵，后来在鲁肃的建议下，还答应刘备的请求，将南郡借给刘备。

赤壁—乌林之战，曹操是带着血泪、带着遗憾、带着内疚回到许都的。此后，曹操的势力大体局限于北部中国。

孙权通过这次战争，巩固了他在长江中下游的势力，并得以继续向岭南发展。

刘备是这次战争的最大赢家。这次战争使他告别了丧家之犬的角色，占据了荆州的大部分土地，获取了立足之地，得以向刘璋的益州扩展。

荆州的问题就是这样了。建安十三年后的荆州主角是刘备势力和孙权势力。曹操所能做的，只是襄樊防线的文章。那么，曹操下一步的战略重点又是何方呢？

第十四章

合肥之战

建安十三年的赤壁—乌林之战，曹操大败，孙刘联军大捷。我们看得很清楚，所谓孙刘联军，江东是主角，刘备只是配角。

周瑜的豪迈极大地激励了孙权。当曹操带着残兵败将狼狈地回到北方，立即接到战报，江东孙权已领十万大军围攻合肥。同时，由张昭指挥的部队，更是深入到了今安徽怀远东南的当涂。

淮南地区的形势骤然吃紧，让曹操颇伤脑筋。合肥一旦失守，意味着淮南难保，淮南不保，兖、徐两州就将处于孙权军队的直接威胁之下。

曹操担心合肥有失，第一时间即派大将张喜领一千骑兵前去支援。为何只派一千骑兵呢？那是因为曹操实在是无兵可派了。江陵战事未息，合肥兵衅又开，实在是够呛。孙权也正是冲着这一点，来捅曹操的软肋。曹操吩咐张喜，经过汝南时将汝南的驻防军也给带上。要命的是，汝南兵也染上了疾病，已经没有多少战斗力了。

然而，张喜快到合肥时，孙权的十万大军却悄然而退了。这又是怎么回事呢？

必须提到一个人物，那便是扬州别驾蒋济。孙权的退兵来自于他的奇妙安排。

孙权进军合肥，扬州刺史自然紧张。蒋济对这位代理刺史（这位代理刺史姓甚名谁，我们不清楚）说：曹公新败，肯定派不了多少兵马。不想点办法，合肥难以保住。

代理刺史连忙问道："先生有何妙策？"

蒋济回答："大人可派四批使者。一批使者前往迎接张喜将军，告之他目前的情况，让他虚张声势，做出阵容庞大的样子。另外，连续派出三批使者，让他们带着大人的信，冲进合肥城中，大人在信中就说已得到张喜将军的书信，曹公以步骑四万前来解围，大军马上就到。"

代理刺史没有其他的办法，连忙依计安排。

第一批使者冲进城中，守城军民知道消息后立即信心百倍。第二批使者让孙权的士兵捉住了。孙权从使者身上搜出书信，信以为真。看到城中军民信心百倍的样子，又想到自己攻城月余却毫无进展，于是烧掉营寨，全军而退。

三个月之后，曹操真的带着大军来到了谯县，接见了蒋济。除了表彰蒋济的功劳之外，还与蒋济商议。

曹操说："先生，以前我在官渡与袁绍对垒的时候，把当地的老百姓迁往南边，这样他们既不会逃散，也不会被敌方掳去。现在同孙权对垒，我想把淮南的百姓迁往河北，先生你看怎么样？"

蒋济摇摇头，说："主公，此法不妥。以前官渡之战之时，敌强我弱，主公那样做是对的。而现在虽然孙权不时进攻我淮南之地，但大体形势平稳。老百姓留恋故土，不到万不得已是不愿离开故乡的。请主公三思！"

曹操不以为然，坚持己见。一边令部队在谯县一带制造快船，训练水军，一边令属下强迁百姓。结果引起了江淮之间老百姓的惊慌，有十多万人渡江逃到孙权那里去了。曹操十分后悔，后来见到蒋济，连忙上前，大笑道："悔不该不听先生之言。我本意是想让老百姓逃开锋镝，没想到反而将他们赶到了敌方那里去了。"

蒋济是平阿人，平阿就是现在安徽的怀远县。

我上面之所以说当时的扬州刺史是代理刺史，是因为扬州刺史刘馥在孙权进攻合肥之前就死了。刘馥这个人（沛国相人）对合肥是有功劳的。曹操在与袁绍作战的时候，以他为扬州刺史，任以东南之事。这个人还真有些办法。史书说，他受命之后，"单马造合肥空城，建立州治"，又是安抚江淮群帅（所谓群帅，也就是一批不大不小的山大王），又是立学校，又是修芍陂，将淮南一带治理得很好。等公家和老百姓都有点积蓄的时候，他开始建造合肥城，"高为城垒，多积木石"，也就是将城垒修筑得非常厚实，还储藏了"鱼膏数千斛"，以作"战守"之用。孙权之所以数月攻城而不下，刘馥的功劳可谓大矣。

在《三国演义》里，刘馥是被曹操杀死的。说是曹操东征孙权时，饮宴长江，横槊赋诗，就是那首出名的《短歌行》："对酒当歌，人生几何，譬如朝露，去日苦多。"刘馥当时听了，说曹操这首诗中有"不吉之言"，曹操恼怒之下，一槊将刘馥刺死了。第二天曹操酒醒，懊悔不已，以三公之礼厚葬了刘馥，并派军士护送灵柩回籍安葬。

其实在赤壁—乌林之战前后，刘馥根本就不在曹操身边，更何况那首《短歌行》是不是作于此时，专家们说也有问题。我们就不去讲它了。

建安十四年（209）七月，曹操统率大军，领张辽等人南下合肥，部署合肥的防御力量。他首先以自己身边的谋士温恢为扬州刺史，让蒋济为他的副手，设置军屯、民屯，发展生产，广储粮食。

十二月，庐江人雷绪发兵攻打庐江郡，稍后，原袁术部将陈兰、梅成也在孙权的支持下，分别在今安徽霍山和今安徽六安聚众造反。当时已经动身北返、行至谯县的曹操，随即派遣夏侯渊、于禁、张辽等大将分兵讨伐。

张辽的任务，是率领张部、牛盖等人讨伐陈兰，可不久之后，向于禁诈降的梅成，乘机把队伍拉到天柱山，与陈兰会合，据险固守，这就较大地增加了平定叛乱的难度。因此，有部将劝张辽知难而退。张辽不但不退，反而迎头赶上，最终击溃了负隅顽抗的陈兰与梅成的联合部队，挫败了孙权利用这些"山大王"骚扰淮南的企图。也正因为这一事件具有不可估量的重大意义，张辽因此得到了曹操的特别褒奖："登天山，履峻险，以取兰、成，荡寇功也。"

曹操本来并不打算向合肥派驻中央军，但庐江之乱的爆发，使他改变了初衷，于是也就因时制宜，指令张辽与折冲将军乐进、破虏将军李典一道，率领七千兵力驻守合肥，协助新任扬州刺史温恢应付突发事件。

张辽（169—222）字文远，并州人，和关羽是老乡。他最初在雁门郡任职，因为武艺超群，被刺史丁原破格录用，做了并州从事，后来归属了董卓，又跟了吕布。

自从建安元年吕布从刘备手中抢占徐州之后，二十八岁的张辽，总算过上了一段相对安定的生活，先后担任过鲁国（国治在今山东曲阜市）的国相和有名无实的北地太守。但在两年后，就在困守下邳的吕布被曹军打败之时，张辽阵前起义，向曹操缴械投降。

《三国演义》说：张辽并不是主动投降，而是被曹军俘虏的，因而在白门楼上听候曹操的发落。当时，性格刚烈的张辽拒不投降，不仅高声叱责吕布的贪生怕死，甚至还当众挖苦曹操。这时，要不是刘备、关羽挺身而出为他求情，张辽的下场也肯定和吕布一样，死在白门楼上。历史的真相是，曹操很赏识张辽，不但接受了张辽迟到的投诚，而且还以汉献帝的名义，马上任命他为中郎将、关内侯。

《三国演义》又说张辽在接受曹操的派遣前往下邳城外的土山劝降关羽之时，言辞恳切地向关羽指出，假如他徒逞匹夫之勇，以死报答刘备知遇之恩的话，等于犯了三桩大罪：一是置刘备于不顾，有负桃园结义之约；二是把甘、糜两位夫人丢在曹营无人照顾，有负刘备之托；三是不能匡扶汉室，空负一身超群武艺。但是，假如暂且投降曹操，保全性命，则有"三便"：一来可以保护两位嫂子；二来可以不负桃园结义时"但愿同年同月同时死"的约定；三来可留有用之身，以便他日为刘备效命疆场。

实际上，张辽自从投诚以来，对曹操始终忠心耿耿，因而绝对不可能替关羽出此伪降曹操的主意。譬如《傅子》提到，在关羽投降之后，曹操察觉到他并无久留之意，便让张辽以朋友身份，找机会试探关羽的口气。张辽奉命前去探问关羽，没想到关羽明确表态他不可能与刘备分道扬镳，所以一度很为难，但经过反复的思想斗争，最后还是如实地向主公曹操汇报了老乡关羽的思想动态。

事情的经过就是这样。张辽没有做过劝降关羽的工作。

建安十七年（212），曹操在平定关中、解除西顾之忧之后，决定对孙权用兵。在用兵之前，他令人代笔给孙权写了一封很长的书信，措辞十分委婉，反复向孙权讲明形势，并威吓孙权：凭借自己的谋略和实力，是完全有力量打过长江去；孙权若想依靠水战，沿江守险，阻止大军南下，未必能够办到。这是对孙权进行政治争取的一次尝试，可是效果并不好，孙权没有搭理。

建安十八年（213）春，曹操的四十万大军逼近濡须口（安徽无为境内），一举攻破孙权在长江西面的大营，并活捉都督公孙阳。孙权得知消息，急忙率军七万赶来迎战。一天，孙权亲自乘坐战船，前来观察曹军大营，曹操下令弓弩齐发，一时箭如飞蝗。战船上立时射满了箭，受箭的一面渐渐倾斜，眼看就要翻船，孙权下令将船转过方向，让另一方受箭。《三国演义》中说的草船借箭，出典在这儿。

又过了几日，孙权又一次乘坐快船，从濡须口开到曹军营前。曹军认为是前来挑战，纷纷拿起弓箭。曹操连忙摆手，说："这是孙权亲自来观看我军情况。"命令手下人不准放箭。孙权前行了六七里，才从容退出，途中还奏起了军乐。曹操见孙权甲杖鲜明，队伍整肃，感叹不已："生儿子就要生个像孙仲谋这样的；像刘景升那样，不过像猪狗罢了。"

双方对峙一月有余，谁也奈何不了谁。孙权给曹操写信："春水方生，公宜速去。"又在另一张纸上写着："足下不死，孤不得安！"曹操看后，连连点头，下令班师。

建安十九年五月，孙权听从吕蒙的建议，亲征庐江郡的郡治所在地皖城（即皖县县城，今安徽潜山）。驻守皖城的庐江太守朱光及参军董和，在抵抗了近一个月后，于闰五月城破被俘。张辽这时虽然带兵前往增援，但南行至夹石（又名西夹山，在今安徽桐城北），就得知了皖城沦陷的消息，于是退守合肥。

曹操当时唯恐孙权在侵占皖城之后，继续北上染指合肥，所以急欲带兵南下阻击。《魏略》说，就在曹操有意南下用兵之时，"三军多不愿行"，丞相主簿贾逵，正因为劝阻曹操南下而锒铛入狱。

"三军多不愿行"和贾逵冒死劝阻的原因，就在于：这年五月大雨不止，不利于曹军行军作战。曹操本人也很快意识到了这一点，因而不但没过多久就释放了贾逵，而且将南下的时间延迟到了七月份。

七月，曹操从邺城出发，进抵合肥之后，并未继续南下做收复皖城的努力，而是在合肥稍作停留后北上，十月间抵达许都，次月在解决伏皇后事件后，西向讨伐割据汉中的张鲁。

曹操之所以在合肥只作短暂的停留，是因为孙权在攻占皖城之后，就返回到了浔阳（今湖北黄梅西南），不久又与盟友刘备发生了激烈的军事冲突。

在孙权与曹操对抗于淮南期间，曾经口口声声要讨伐曹操这个"汉贼"的刘备，并未因为借得了南郡这个北伐基地而顺势攻打曹操的荆州地盘。事实上，他自从建安十六年以来，就一直在处心积虑地实施"跨有荆益"的"隆中路线"，并最终在建安十九年夏天，颠覆了刘璋对益州的统治。

孙权对刘备不按约定北伐曹操，转而袭击益州的做法，很是反感。在得知刘备占有益州之后，就派了手下的"中司马"诸葛瑾（也就是诸葛亮的胞兄）去成都敦促刘备如约割让长沙、桂阳、零陵三郡。

没想到刘备根本不愿兑现当初的承诺，这时又开出了一个空头支票，说等他攻取凉州之后，将把包括长沙、桂阳、零陵三郡在内的整个荆州地区，全都转让给孙权。

孙权因此知道自己上了当受了骗，非常恼火，恼火之余，就派了自己人去做长沙、桂阳、零陵三郡的长官，结果全部被关羽驱逐出境。孙权于是不管三七二十一，干脆与刘备翻脸，命令吕蒙率领二万兵马攻打长沙、零陵、桂阳。吕蒙很快就收降了长沙、桂阳两郡，只有零陵太守郝普据城固守，拒不投降。从这时开始，两年的时间里，孙、刘两家打得不可开交，直到刘备得到曹操远征张鲁的情报，唯恐曹军在占据汉中之后顺势南下，攻占益州，才在两害相权取其轻的情况下，主动派人找孙权议和。

孙、刘双方在签订边界条约的过程中，显然同时达成了分头抗击曹操的协议，因而孙权未等边界条约的墨迹干透，就立即从陆口启程，于建安二十年八月，指挥十万大军再次攻打合肥。

当时，负责守卫合肥的曹军将领，除了张辽、乐进和李典这三员大将之外，尚有护军薛悌。

其实，曹操早在远征汉中之前，就估计到孙权很可能会趁机袭击合肥，因而在离开合肥时，留下薛悌做护军，并交给他一道封面上写有"贼至乃发"四字的手札（《三国演义》中诸葛亮屡屡玩这种锦囊妙计）。于是，当孙权大兵压境，薛悌、张辽等人立即打开手札，只见手札做了这样的部署："若孙权至者，张、李将军出战，乐将军守，护军勿得与战。"也就是要他们在分工合作的基础上，乘孙权立足未稳之机，予以迎头痛击。

守卫合肥的曹军总数不过七千人，而来犯之敌却多达十万。在敌我实力相差如此悬殊的情况下，按照通常的逻辑，曹军自然应该据城固守，尽量拖延时间，以等待曹军主力的火速增援。因此，薛悌、李典和乐进三人看完手札后都疑惑不解，甚至对曹操这个指令的正确性表示怀疑。

当时，只有张辽一人认为曹操的指令切实可行，他认为：在我军主力部队远征汉中而无法前来增援的形势下，面对强敌，唯有主动出战，挫伤敌军的锐气，然后再据城固守，才有可能确保合肥的安全；而被动防御的结果，只能是死路一条。但薛悌等人对他的正确分析，依然不置可否。张辽因此怒不可遏，他一面明确表态自己将坚决贯彻曹操的指令，一面主动请缨，要求单独出战。

李典这时被张辽勇挑重担的精神所感染，毅然表示愿意与他向来看不顺眼的张辽并肩战斗。于是，张辽连夜组织了一支由八百人组成的敢死队。

次日拂晓，张辽率领八百名敢死队员冲入敌阵，向着数倍乃至数十倍于己的孙权大军，骤然发难。孙军当时根本就没有任何思想准备，于是仓猝交战，结果偏将军陈武被杀，宋谦、徐盛两人被打得落荒而逃。

孙权一开始也是大惊失色，后来眼见张辽手下兵力极少，这才惊魂稍定，指挥人马将"张辽敢死队"团团围住，尽管如此，却仍未能加以制服。

在这场从清晨一直持续到中午的激烈战斗中，张辽左冲右突，所向披靡，最终带着绝大多数敢死队员，顺利突围而出。正如张辽所预料的那样，这次主动出战，不但极大地鼓舞了曹军的斗志，而且打得孙军上下士气低落，进而对战争的前景缺乏必胜的信心。于是，在连续十几天围攻合肥而未能攻克之后，孙权又一次无功撤围而去。

孙军从逍遥津横渡肥水南下时（逍遥津是肥水上的一个渡口，位于今合肥东北），孙权亲自殿后。也因此，当张辽率领部众乘势追击而至时，孙权尚未来得及渡河，仍然与甘宁、吕蒙、凌统等一千多将士滞留在逍遥津的北岸。

《献帝春秋》说，当张辽带兵赶到逍遥津北岸之时，孙权的处境极其危险，倘若张辽认识他的话，完全可以将他生擒。孙权虽然未必如《献帝春秋》所说的那样可能被张辽生擒活捉，但他当时的处境确实相当凶险，要不是甘宁、吕蒙、凌统等部将拼死掩护，真的有可能丧生逍遥津。而张辽也凭借这次合肥大捷的功劳，被曹操从荡寇将军提拔为征东将军。

建安二十一年二月，曹操在攻占汉中之后返回邺城，并从十月开始着手准备南征孙权，以吓阻孙权对合肥的骚扰。曹军这次南下，从邺城出发，沿途经过谯县、合肥，最终在次年正月进抵居巢（今安徽巢县东北）。曹操在途经合肥时，还特意巡视了张辽大败孙军的战场，然后就让张辽随同他南下征讨孙权。

除张辽外，参与南征的，尚有夏侯惇、曹仁、臧霸和司马朗等人，可以说曹操这次南征，调集了麾下的精兵强将，而孙权也以大将吕蒙为都督，出兵据守濡须坞，与曹军对抗。

二月间，吕蒙乘曹军前锋立足未稳之机，首先发动了攻势，并小有斩获。随后，曹操亲率大军进逼居巢东面的郝溪。孙权眼见曹军来势凶猛，难以抵挡，只得暂时后撤。

不久之后，孙权因为连年作战，既消耗了大量的人力和物力，又没能得到什么实惠，所以派了都尉、吴郡乌程（县治在今浙江湖州市南下菰城）人徐详，前往曹营，请求罢战。与此同时，曹操正因为军中发生疾疫，也无意再战，于是顺水推舟，同意休战，并且表示要继续同孙氏通婚，巩固双边关系。

建安二十二年（217）三月，曹操在带兵北返之前，委派夏侯惇率领曹仁、张辽、臧霸等驻守居巢，而孙权也任命平虏将军周泰驻守濡须。此后直至曹操逝世，曹、孙双方在淮南一带，再也没有发生过大规模的战役。

从赤壁战后，曹操对孙权的情况便是这些。曹操对孙吴的作战是与平定关陇、收复汉中交叉进行的。那么，曹操进兵关陇又是怎么回事呢？

第十五章

平定关陇

曹操是在建安十六年（211）用兵关陇的。

　　征服关陇的关键，在于讨平马超领衔的马家军和以韩遂为首的韩家军。

　　马超（176—222）是扶风茂陵（今陕西兴平县）人，据说是东汉开国功臣马援的后裔。

　　马超的祖父马平（字子硕），汉桓帝时，曾经做过天水郡兰干县的县尉，被免官之后，定居在陇西郡，因为家境贫寒的关系，娶了当地的一个羌族女子为妻。谁曾料想，马平当初无可奈何的选择，竟在不期然间，成了子孙的财富。马腾、马超父子在东汉末年的短暂风光，就在很大程度上得益于他们汉、羌兼有的血统，因为有很多羌人和氐人，将他们看作自己人，从而参加了马家军。

　　韩遂是金城郡金城县（今甘肃兰州市西北）人，原本叫韩约。灵帝中平元年十一月，北地先零羌和枹罕、河关等地的汉人，大概因为受不了凉州刺史耿鄙的横征暴敛，铤而走险，聚众造反，并且拥立了湟中的胡人北宫伯玉为领袖。北宫伯玉为了增大造反的声势，又胁迫曾经在县府里担任过小官的边允、韩约入伙。当时，凉州刺史不明底细，误以为边允、韩约就是这场叛乱的头目，于是悬赏求购他俩的首级。为了安全起见，边允、韩约从此改称边章、韩遂。

　　韩遂本来无意造反，但在被逼造反之后，尝到了造反的甜头，于是在中平四年（187）二月，干脆杀了北宫伯玉和边章等人，做了名副其实的造反领袖。此后，他又先后得到了陇西太守李相如等人的响应，队伍越来越庞大，声势也越来越响亮。同年四月，马腾不再做汉朝的凉州司马，也加入到造反队伍之中。

　　不过，随着造反队伍的日益扩大，内部之间的争权夺利乃至火并时有发生，因而到中平六年二月，终于分崩离析。而后，韩遂、马腾两支队伍逐渐接近，最终结为同盟，相互利用。

五月，曾经与韩遂、马腾为敌的董卓，在收到何进密诏、前往京师洛阳之时，力邀他们"共谋山东"，韩遂、马腾也想借助董卓的势力，但当他们于初平三年带兵抵达长安的时候，董卓已被王允等人设计除灭。当时执掌朝政的李傕等人，于是任命韩遂为镇西将军，打发他回金城；同时任命马腾为征西将军，让他屯驻在扶风郡的郿县（今陕西郿县东北）。

兴平元年三月，马腾因为有求于李傕，却没能得到满足，所以恼羞成怒，联合了韩遂，与李傕、郭汜、樊稠大战于长平观（今陕西泾县西南，又名长平馆）。结果是李傕、郭汜胜了，马腾、韩遂逃归了凉州。不过，李傕等人因为没有足够的实力追究他俩的责任，所以在这年四月，分别任命马腾、韩遂为安狄将军和安降将军。而此时此刻，曹操第二次东征陶谦的战斗，进行得如火如荼。

自从退到凉州之后，韩遂、马腾这两个拜把子兄弟，很快就成了不共戴天的仇敌，相互之间经常发生激烈的交火。《魏略》说，在一次军事冲突中，韩遂甚至还杀死了马腾的妻子儿女。我们认为：导致他们反目成仇的原因，主要是经济落后、人口稀少的凉州无法同时为他们提供充足的人力和物力；也因此，在凉州残破之后，这两支地方武装又南下到了关中。

在马腾、韩遂相互厮杀期间，曹操的实力和地盘获得了长足的发展，并且还把汉献帝挟持到了许都。为了对付袁绍，曹操听从荀彧的建议和推荐，让颍川郡长社县（今河南长葛县东）人钟繇，全权负责对关中的经略。

钟繇的工作效率有目共睹，他很快就让马腾、韩遂宣誓效忠许都政权，并且心甘情愿地送儿子来做人质。

从建安七年九月起，曹操开始致力于肃清袁绍集团的残余势力，对黎阳发动了大规模的攻势。为减轻黎阳正面战场的压力，在袁绍集团第二代领导人袁尚的指示下，并州牧高干、河东太守郭援率领数万精兵，挺进西南，在曹操属下的河东郡开辟第二战场，他们的行动不但得到了匈奴势力的积极响应，而且得到了韩遂、马腾等关西军阀的暗中支持，从而迫使曹操中断了对河北的征战。

钟繇再次出面做通马腾的工作，使马腾觉得支持曹操更有前途，所以转变立场，派儿子马超出兵，打败了郭援，迫降匈奴单于，从而为曹操继续用兵河北，解除了侧翼的威胁。

此后直到建安十四年冬，马腾成了与许都政权联系最紧密的关西军阀。即便如此，曹操对马家军这支异己势力，仍然很不信任。

建安十三年夏，即将南征荆州的曹操，为解除后顾之忧，派人动员马腾，让他到许都来做九卿之一的卫尉。

马超作为马腾的长子，被曹操任命为偏将军、都亭侯，留在关中统领马家军。

马超野心很大，个人能力也比他父亲强。自从做了马家军的掌门，立即改变了马腾的对外战略。表面上，他继续奉行结好曹操的外交政策，暗中却致力于推进马家军的"本土化"和"独立化"。为此，他不仅积极改善与韩遂的关系，很快就建立了马、韩联盟，而且利用自己的羌人血统，极力拉拢氐、羌武装。此外，他还有意与分别割据益州、汉中的刘璋和张鲁搞好关系。

马超一连套的组合拳成果斐然。一方面，它在短短两三年间，较大地增强了马家军的实力，使之超过韩家军，成为众多关陇武装中最强大的地方割据势力；另一方面，通过团结包括韩遂在内的各路关中军阀，马超的威望实际上已经盖过韩遂，成为该地区最具号召力的军政领袖。他的这种地位和声望，显然是马腾所不曾拥有的。

曹操因此日益意识到：当初更换马家军的领导层，是一个严重的战略失误。有鉴于此，他开始着手调整关中政策，转而实施拉拢韩遂、孤立马超的战略。

建安十四年（209）初，韩遂不知为何，派了金城人阎行到邺城拜会曹操。对于阎行的不期而至，曹操除了给予高规格的接待，还上表推荐他做了犍为郡（郡治在今四川彭山县东）的太守，从而完全"征服"了阎行。

受宠若惊的阎行，不但主动提出要将父母送来做人质，而且在返回复命之时，极力劝说韩遂归附曹操，同时还转交了曹操给韩遂的亲笔信。在这封后来被命名为《与韩遂教》的信中，曹操一则表示他清楚地了解到：韩遂当初之所以造反，完全是受人逼迫；二则希望韩遂从此打消顾虑，早日来京，同他一道"匡辅国朝"。韩遂因此有所动心，并且听从了阎行的建议，让他的儿子与阎行的父母一道去了许都。

不过，曹操拆解马、韩联盟的努力，收效甚微，这主要是因为马超也很善于做统战工作。他的实力虽然比韩遂强大，却甘愿让韩遂做盟主，从而不但满足了韩遂的虚荣心，也维持了同盟关系。

于是在建安十六年初，曹操把清除马超、韩遂等关中军阀一事，正式提上了议事日程。有学者认为，曹操之所以要在这年发兵征讨关中，是基于下列考虑：如欲南征孙、刘，西取巴、蜀，就必须预先平定关中，解除后顾之忧。这种解释当然有一定的道理，我要补充的是：

第一，曹操自从赤壁战后，实际上已经放弃了统一南北的志向，转而专注于整理内部事务，着眼于稳定北部中国。

第二，关中与关东在地理上连为一体，如果不予攻取，关东西侧门户将洞开，很难加以有效防守。历史上的例子太多了，秦始皇就是从关中打到关东的，刘邦也是。

第三，曹操之所以选择建安十六年西征，一则因为自从赤壁败后稍显混乱的内政问题至此已经得到了比较妥善的解决；二则因为曹操意识到假如不趁早拔除马超在关中的军事势力，一旦其羽翼丰满，势必更难对付。

令曹操万分苦恼的是：马超等人既是朝廷命官，又没有任何反叛举动，在这种情况下贸然发动进攻，显然名不正言不顺。

就在此时，钟繇含蓄地建议他采取"假道虞国以伐虢"的对策，从而使得曹操茅塞顿开，并于建安十六年三月命令钟繇大张旗鼓地取道关中讨伐张鲁，同时指示夏侯渊等人从河东郡出发，前去与钟繇会合。

钟繇当时驻扎在洛阳，由此去汉中讨伐张鲁，未必一定要取道关中，他完全可以选择从自己控制的荆州地界进入汉中；而且，后一条行军路线更为便捷。这就是说，取道关中讨伐张鲁，对屯驻关中的马超、韩遂等人来说，就是相当明确的威胁。

也因此，在得知钟繇统率大军向关中推进的消息之后，正在西讨张猛的韩遂，立即返回驻地，并且拒绝了阎行的规劝，与马超一道举起了反叛曹操的大旗，出兵据守潼关天险，以阻抗曹军的西进。此外，他们还联络了关中好几路兵马，共同举兵。

马超这个鬼精灵，虽然是这次联合行动的实际组织者，但为了内部的团结，他甘愿让出联军统帅的位置，推举年纪大、资格老的韩遂为都督。

当马超起兵反叛曹操之时，他的父母兄弟都处于曹操的监控之下，直到建安十七年五月癸未，才被曹操满门抄斩。《三国演义》却故意倒因为果，把马腾一家被害之事，说成是马超反叛曹操的直接原因。因此，历史上不少人指责马超不该无视家人的安全，悍然起兵作乱，进而将马超定性为不忠不孝不义不智之徒。这种指责看起来有道理，实际上根本不能成立。首先，马超的反叛，是被逼无奈的选择。其次，面对敌人的挑衅，仅仅为了保全人质而放弃抵抗，这种情况只见于虚拟世界。政治理当讲究道义，但政治与道义并非时刻不可分离。第三，马腾一家后来之所以被杀，并非因为马超举兵反叛，而是反叛之后不能对曹操构成严重的威胁，有威胁的话，曹操就不会对马腾一家举起屠刀。

曹操得到前线报告之后，欣然任命曹仁为代理安西将军，前往潼关总统各路曹军，与关中联军对峙；同时指示曹仁：在他本人抵达潼关之前，绝对不能与敌军正面交锋。

这年七月，曹操让程昱协助曹丕留守邺城，于八月间抵达潼关。

曹操本来完全可以绕开易守难攻的潼关，从河东郡直接横渡黄河，进入关中地界，然后分兵讨伐关中各地叛军。但是，为了毕其功于一役，曹操决定暂时到潼关与马超等人对峙，以达到吸引关中各路叛军齐聚潼关的效果。

关中各路叛军果然中计，纷纷从各自的驻地开赴潼关，建营列阵，据说总兵力在十万左右。这让曹操窃喜不已。

在叛军悉数进驻潼关之后，曹操开始密谋撤离潼关，实施360°的战略大转移，以迂回到潼关西侧打击关中联军，具体路线应该是：首先从潼关北渡黄河，由弘农郡进入河东郡，然后再从河东郡西渡黄河，攻入冯翊郡，最后从冯翊郡渡过渭河，南进京兆郡。

为此，曹操秘密指令当时驻扎在河东郡汾阴（今山西万荣县庙前村北古城）的徐晃、朱灵，南下蒲阪（今山西永济县蒲州镇），从蒲阪津（在蒲州镇与陕西大荔县朝邑镇之间）横渡黄河，在冯翊郡建立了据点。

这年闰八月间，驻扎在潼关城外的曹军主力开始北渡黄河。

《曹瞒传》说，当曹军主力北渡黄河之际，马超等人率领大队人马前来追击，这时曹操故作镇定，在"胡床"上端坐不动。张郃等部将眼见情势万分危急，赶紧强拉曹操上船。当时水流湍急，曹操乘坐的木船一时无法向对岸行驶，而是沿着南岸向下游漂流了四五里，马超因此率领骑兵部队顺着河堤紧追不舍，并指挥部下朝着木船疯狂射箭，曹操最后侥幸逃到北岸，自我解嘲道："今日几为小贼所困乎！"

《三国志·武帝纪》说，就在曹操本人尚未渡河，而马超带兵前来追击之际，曹操手下人一看形势不妙，"因放牛马以饵贼"，马超的士兵因此失去了战斗力，四散追捕牛马，这使曹操得以顺利横渡黄河。

《三国志·许褚传》说，当时，曹操让大队人马首先渡河，自己则和许褚率领一百余名卫士断后。就在大队人马刚刚渡过黄河之时，马超率领步骑一万余人前来追击。于是许褚立即将曹操扶上渡船，这时卫兵们也急着想上船逃命，以至于渡船超重而即将倾覆。许褚情急之下，一面挥剑斩杀那些拼命往船上攀爬的卫兵，一面用左手举起马鞍，为曹操遮挡飞来的乱箭。祸不单行的是，船工这时也被流箭射死，许褚只好右手权充船桨划船。所幸的是，曹操最终安然渡过黄河。

仔细想来，这三种说法都有破绽。《曹瞒传》的破绽是：当曹操乘坐的渡船，连续四五里遭到马超的攻击时，仍然滞留在黄河南岸的曹军，为何不对马超展开反攻击？《三国志·武帝纪》的破绽是：马家军的军纪，是否低到战役尚未结束就去舍命抢夺牛马的程度？《三国志·许褚传》的破绽更多：身为统帅的曹操，是否有可能亲自殿后？装载百来号人的渡船为何竟然只配备一名划船手？许褚单手就将这只渡船划到对岸，他是超人？

按照常理推断，曹军的这次渡河行动不但应该比较秘密，而且事先应该做了比较细致的统筹安排，谁突前谁殿后，遇到敌军攻击怎么办，诸如此类，肯定都有明确的分工。还有一点可以完全肯定，曹操有过断后的案例，比如打张绣的时候从安众撤离，但在眼下的这种情况下，曹操绝对不会亲自断后。当曹军横渡黄河时，马超有可能在最后阶段得知消息，并立即带兵追击，但对曹军的整个渡河行动，绝对不会构成严重威胁。

在北渡黄河进入河东郡境内之后，曹军马不停蹄，又从蒲阪津渡过黄河到冯翊郡境内。由于徐晃部队已经控制了蒲阪津两岸，所以这次渡河行动相当顺利。此后，曹军沿着黄河西岸南下到了渭水北岸，并且修筑了一条甬道，以便将粮草和军械顺利运抵前线。

乐资《山阳公载记》说，当曹军想从蒲阪津横渡黄河时，马超建议韩遂，让联军挺进渭水北部地区（也就是冯翊郡境内），驻守蒲阪津西岸，以阻止曹军渡河。理由是：一旦曹军无法西渡黄河，依靠河东郡供给军粮的曹军，用不了二十天，就将因为军粮供应困难而主动撤退。《山阳公载记》还说，曹操在得知马超的作战方案之后，十分震惊，并且情不自禁地感叹："马儿不死，吾无葬地也。"

这个说法也有些问题，我们不便细说。事实上，马超等人自从反叛曹操以来，除了死守潼关，从未采取过足以让曹操担惊受怕的措施；战争的主动权始终掌握在曹操手中，并且通过大范围的迂回战术，彻底打乱了关中联军的阻击计划，使得他们被迫放弃潼关天险，转而在渭口重新构筑防线。

无计可施的马超，这时派人前来求和，表示愿意割让黄河以西之地，但遭到曹操的断然拒绝。

同年九月，曹操采纳谋士娄圭的建议，通过堆沙浇水、冰冻成墙（因为那年有一个闰八月，所以当时已是寒冬季节），首先在渭水南岸建立了若干营垒，然后以这些营垒为前进基地，全军上下顺利渡过渭水，在渭南地区与关中联军形成了新的对峙。

曹军渡过渭水后，坚决贯彻稳住阵脚、避免盲目出战的策略。马超等人多次前来挑战，曹操一概置之不理。

马超终于沉不住气了，又派人前来求和，除了同意割地，还表示愿意送儿子做人质。

随同西征的谋士贾诩，建议曹操这一次不妨假意答应。曹操于是进一步追问具体该如何操作，贾诩的回答很简洁："离之而已。"

双方约定在阵前会面，具体商谈停战事宜。作为关中联军谈判代表的韩遂来到阵前。曹操只是故作亲热地与他叙旧拉家常，始终不谈息兵罢战的正事。会谈结束后，马超等人迫不及待地问他商讨的结果，韩遂虽则在阵前和曹操聊了半天，却既没有谈到割地请和，也没有说起送子为质，自然是一问三不知，马超等人因此大起疑心。

过了几天，曹操派人转交给韩遂一封亲笔信，此信的特别之处在于它故意"多所点窜，如（韩）遂改定者"。马超等人看罢来信之后，对韩遂的猜忌更加重了。

离间之计大功告成！就在关中联军领导层开始离心离德之际，曹操以迅雷不及掩耳之势，突然发动了强大的攻势，大获全胜。

不过，曹操并未达成预期的全歼关中叛军的目的，因此又打了几次小仗。

当年十二月间，曹操以夏侯渊、朱灵等人镇守长安，自己班师回到邺城。曹操放心东返的原因，在于他认定：遭受沉重打击并且分崩离析的关中诸将已经难成气候，他不再以马超、韩遂为敌手。

至此，关中地区基本上平定，此后的战局，向西转移到了陇西。

在曹军班师前夕，凉州参军杨阜提醒曹操：马超不但勇猛，而且在羌、胡部落中人气很旺，大军撤退后，假如不在陇上重点布防，那么陇西诸郡的安全，势必很成问题。但是，曹操并未因此采取防范措施。这一则因为曹操兵力不足，二则因为他认为马超虽有捣蛋的能力，却构不成严重的威胁，镇守长安的夏侯渊，足以对付马超。后来马超东山再起，短时期也攻占了陇西许多郡县，但后来马超的一连串失误基本能证明曹操的判断正确。

建安十九年春，马超反攻陇西，在祁山（今甘肃礼县东北）一带与张郃决战而失败。到了这年的秋天，夏侯渊完全清除了关陇地区的武装割据势力。关陇的归附，不但增大了曹操阵营的地盘和实力，而且后来在抗拒诸葛亮北伐期间，使得关陇成了拱卫关东的屏障和战略反击的基地。

马超也是这年秋天投靠了刘备，为刘备最终如愿以偿地夺取刘璋的益州，起了关键性的作用。这种关键性的作用，主要表现在：他作为羌、氐势力的代言人，在蜀汉地区颇有名望，他的到来极大地震慑了刘璋，从而使刘备在不到十天时间内就实现了过去三年所无法实现的目标。但此后，马超在刘备阵营中一直默默无闻，最终不无可疑地死于汉先主章武二年（222），那年他才四十七岁。

关陇平定了，下一步便是巴蜀，不过，在关陇与巴蜀之间，还横亘着一股势力——一股有点奇怪的势力。

第十六章

得而复失

曹操将兵锋指向了汉中。可当时的汉中是个特殊的地方，统治这片区域的人名叫张鲁。

张鲁的祖父张陵，是五斗米道的创始人。他于汉顺帝在位年间（126—144），从老家沛国丰县（今江苏丰县）远行到蜀郡境内的鹤鸣山中，苦苦修炼，并在修成正果之后，下山传教。由于凡是愿意随他学道的人，必须先行交纳五斗米，才被接纳为教徒，因此，久而久之，他所创立的教派，也就被俗称为五斗米道。

张鲁接过了父祖相传的接力棒，成了五斗米道的第三代传人。不过，他事业上的成功，最初主要仰仗于他的母亲。他的母亲有些姿色，也略懂五斗米道的教义，并且与益州牧刘焉的关系非同寻常，张鲁因此被刘焉提拔为督义司马。

汉献帝初平二年，张鲁接受刘焉的派遣，去攻打朝廷任命的汉中太守苏固，一举打败并杀死了苏太守，从而为割据益州的刘焉，抢占了战略要地汉中。

刘焉膝下共有四子：长子刘范，官居左中郎将；次子刘诞，仕为治书御史；第三子刘璋本来也和刘范、刘诞一样，留在长安的献帝政府中，做奉车都尉，后来因公出差到益州，从此不再回长安；第四子刘瑁，任职别部司马，一直待在刘焉的身边。刘瑁的夫人吴氏后来成了刘备的"穆皇后"，成了刘备笼络刘焉、刘璋残余势力的媒介。

献帝兴平元年三月，刘范与马腾等人合谋，企图诛杀当权的李傕，结果谋杀不成反而被害，刘诞也同时遇难。祸不单行的是：就在同年，一场突如其来的大火，烧毁了刘焉积聚多年的准备用于建立独立王国的所有物资储备。

刘焉本就痛心疾首于刘范、刘诞两子的"英年早逝"，如今又目睹多年的积聚毁于一旦，因而实在无法承受这样的打击，于是一命呜呼。刘璋接班，继任为益州牧。

当时，张鲁仍旧为刘家守卫汉中，尚未三心二意。但是，一则因为久镇汉中要地，培植了自己的势力；二则也因为刘璋实在太无能，令他很看不起。这两种因素交互作用，使得张鲁在献帝建安五年的时候，下决心不再做刘家的"看家狗"，便与刘璋反目，将汉中占为己有，另立山头。

刘璋闻讯之后，自然大为光火，不但杀了尚滞留在成都的张鲁之母和他的一个弟弟，而且派了中郎将庞羲等人出兵攻打张鲁。结果，庞羲非但未能完成使命，甚至连巴郡都失守了。从此，张鲁成了跨有巴郡、汉中两郡之地的割据者。

汉中地区自张鲁父亲张衡来此传教布道之后，信奉五斗米道的群众基础一直比较深厚。也因此，张鲁在占据汉中以后，顺应民情，进一步改造并极力推广五斗米道，经过若干年的努力，竟然把此地建设成为全国独一无二的以五斗米道组织为核心的政教合一的政治实体。

在这个乌托邦内，没有设置惯常的各级行政机构和官吏，取而代之的则是一个个的教区，以及负责本教区各项事务的"祭酒"。"祭酒"由德高望重的教友担任。张鲁本人也不称太守，而是改称"师君"，他集教权和政权于一身。

张鲁的管理手段更让人耳目一新。

首先，境内各地普遍设置"义舍"。这些义舍供应饭菜，免费招待过往行人，任由他们根据实际需要食用。

其次，注重道德教育。对那些犯错误的人，经再三教育仍不见效后，才加以惩处。惩处的方式，一般是让他们修筑若干长度的道路。结果，不但社会秩序良好，而且新建了不少道路。

这种以自我反省为主、重在教化的管理模式，不但使张鲁深得当地老百姓的拥戴，也使汉中在兵荒马乱的当时，俨然成了人间天国，成了饱受战乱之苦的外地民众向往的世外桃源。这其实也是张鲁在与刘璋的对抗中占据上风的关键所在。

在张鲁攻取巴郡之后，曹操的许都政权因为鞭长莫及，所以顺水推舟，册封张鲁为镇民中郎将，兼代理汉宁太守（此前，汉中已改称汉宁）。

建安六年，由于在境内发掘出一块玉印，张鲁的手下因此纷纷怂恿他做"汉宁王"，只有功曹阎圃予以强烈反对。理由是：汉高祖在立国之初，就曾经明确规定"非刘氏不王"；假如张鲁听从建议，自称汉宁王，这在性质上就是公开背叛朝廷。

张鲁自然不敢造次，于是接受了阎圃的忠告，仍旧做他教徒的"师君"，以及许都政权的镇民中郎将兼代理汉宁太守。

刘璋逐渐意识到，单凭自己的现有实力，显然无法教训张鲁这个"忘恩负义"的家伙，因此，他转而争取"外援"的支持。于是，河内人阴溥、蜀郡人张肃先后接受刘璋的派遣，向曹操转达刘璋的敬意。曹操也因此以汉献帝的名义，正式承认刘璋为益州牧，同时拜为振威将军，并且任命刘璋之弟刘瑁为平寇将军，张肃为广汉太守。

当建安十三年九月曹操攻占荆州之后，张肃之弟张松作为刘璋的特使，前往江陵向曹操恭贺。当时，曹操一则因为正忙于策划与孙权决战，二则因为张松其貌不扬，于是怠慢了张松。张松这人的人品本来就有问题，因此非常恨曹操。

张松在曹操兵败赤壁之后，返回益州。他一方面极力诋毁曹操，建议刘璋与曹操断绝关系，另一方面又主张刘璋与刘备结好。刘璋这人向来没有什么主见，听到曹操不但有那么多的不是，而且新近又大败于赤壁，于是接受了张松的建议，宣布与曹操断绝外交关系，同时接受张松的推荐，派了军议校尉法正前往公安（今湖北公安县西北），与刘备接洽。

扶风郡郿县（今陕西眉县东）人法正是张松的好友，在刘璋手下不很得志，早有择木而栖之意。他这时与张松密谋，决意让刘备来做益州的新主人，所以当他返回成都复命的时候，极力向刘璋描述刘备如何有能耐、讲义气，刘璋因此对刘备很有好感。

建安十六年三月，曹操为了逼迫马超等关中军阀造反，然后名正言顺地加以讨伐，派了司隶校尉钟繇、征西将军夏侯渊，佯攻张鲁。刘璋听说此事后，很担心已经化友为敌的曹操，在攻取汉中之后顺势来打益州。这时，张松乘机怂恿刘璋邀请刘备带兵西上，帮他在曹军到来之前解决张鲁。

无能的刘璋上了张松的当，拒绝了幕僚们的极力反对，再次派遣法正出使荆州，将刘备迎接到益州，结果却是引狼入室。刘备此前，先后在陶谦、吕布、曹操、袁绍、刘表手下做事，是个"吃谁饭、砸谁锅、住谁店、捣谁窝"的老手，而且满口的仁义道德。他这次又借应邀前往益州助拳之机，故伎重演，不但不帮刘璋对付张鲁，反而在建安十九年五月，颠覆了刘璋对益州的统治。

刘备对刘璋地盘的吞并，也让曹操很担忧。因为一旦刘备巩固新占领区之后，顺势北上汉中，显然不是张鲁所能抗衡的；届时，不但刘备实力大增，更难对付，而且曹操控制下的关中地区，也将完全处于刘备军队的直接威胁之下。为防患于未然，曹操亲自领兵远征张鲁，以期赶在刘备动手之前抢占汉中地区。

一般认为曹操的这次远征，始于建安二十年（215）三月，但实际上很可能是在建安十九年十一月处理完伏皇后事件之后就开始了，否则曹军绝不可能在该年三月宣布讨伐张鲁后不久，就马上抵达陈仓（今陕西宝鸡县东）。

曹军稍事修整后，从陈仓出发，取道大散关（在今陕西宝鸡市西南大散岭上）向西南方向挺进，四月抵达武都郡河池县（又名仇池，位于今陕西凤县西北）。七月，抵达汉宁郡境内的阳平关（今陕西勉县西）。阳平关是川、陕之间的交通要冲，与汉宁郡郡治南郑相距不远。

张鲁在得知曹操大军压境的消息之后，打算不作任何抵抗就投降。

《献帝传》说，张鲁的部下曾经建议他与刚刚占据益州的刘备联合对付曹操，却不料张鲁勃然大怒，说他"宁为魏公奴，不为刘备上宾也"。

虽然《献帝传》这一记载的可信度不高，但可以肯定的是，假如让张鲁在曹操、刘备之间做选择，他必定选择前者。张鲁其实早就对曹操很有好感。我们觉得，他的这种好感，在很大程度上源自曹操对青州黄巾军的处理方式。或许其中还存在这种可能：如同信奉太平道的青州黄巾军将曹操视为"迷途的羔羊"，传布五斗米道的张鲁，也有可能将曹操视为知己。

张鲁后来之所以没有立即向曹操投降，是因为他的一个弟弟张卫不同意他的投降政策，这时主动请缨，率领杨昂等数万将士据守阳平关，同时扩建阳平关的城墙，使之与南北两侧的山头连接起来，从而构筑了一条长达十余里的防御工事。正是这条防御工事，一时间挡住了曹军的去路。

曹军接连猛攻了三天，都未能攻克阳平关，而且伤亡惨重，形势对劳师远征的曹军相当不利，即便是曹操本人，也多少有些灰心丧气，并且下达了撤军的命令。但不曾料想的是，三天之后，形势突然发生了戏剧性的转变，强攻不下的阳平关居然得来全不费工夫。

对于其中的缘故有两种说法：

一是《三国志·武帝纪》解释说，曹操当时使了一招欲擒故纵之计，在撤围离开阳平关的当晚，利用敌军的麻痹大意，暗中派大将高祚加以突然袭击，因而攻取了阳平关。

二是郭颁的《魏晋世语》说，曹操因为强攻不下而心灰意懒，本来已决定撤退。这时，手下谋士劝他千万不可半途而废。就在谋士们劝说曹操坚持战斗的那个晚上，发生了两件意外之事：其一，有数千头野麋鹿闯进了张卫的军营，不但严重破坏了营寨，而且扰乱了军心；

其二，高祚统领的部队，因为迷路而误入张卫的军营，自我觉察之后，就擂鼓吹号以集合队伍，张卫却因此误以为是曹军主力已经攻入己方营寨，于是缴械投降。

《魏晋世语》的这一记载，与曹操谋士董昭在事后的回忆颇相吻合。董昭说，曹操因为阳平关难以攻克，很灰心，便叫夏侯惇和许褚传令，让上山作战的部队撤回。大部分兵力在接到军令后立即返回，但有少数前锋部队却因为迷路而误入张卫的营地，并在不经意间吓跑了敌军。曹操得知消息后，立即折回，这就占据了阳平关。

张鲁本就没有据关坚守、长期抗战的打算，在阳平关失守之后，更是急着想投降。这时，又是阎圃挺身而出，替他精打细算。阎圃虽然赞同张鲁的投降意向，但认为不宜立即投降，因为在无路可退的情况下被迫投降，没什么好处。阎圃建议：暂且投奔七姓夷王朴胡，做出一副抗拒到底的姿态，然后再派人与曹操谈判投降的条件。张鲁接受了阎圃的建议。

临行前，左右亲信劝张鲁把库存的财物和粮食全部烧光，以免落入曹操之手，但张鲁坚决不同意，并且派人贴上封条，以便曹军接收。这件事深得曹操的嘉许，也为此后的接洽作了很好的铺垫。

曹操占有汉宁郡后，首先将郡名改回为汉中，然后将汉中郡一分为三：汉中郡、西城郡、上庸郡。

这年十一月，曹操方面不等张鲁前来接洽投降事宜，就先行派了代表前往巴中迎接张鲁。张鲁一行刚一抵达南郑，就被封为镇南将军、阆中侯。同时受封的，尚有张鲁的五个儿子和阎圃等人。此外，曹操还为儿子曹宇娶了张鲁的千金。

张鲁这人并无突出的才干，曹操却厚待张鲁一家及其部属。他之所以这样做，很大程度上是因为张鲁身为五斗米道的"师君"，统治汉中多年且得到民众的拥戴，在该地区拥有他人无法取代的号召力。利用张鲁的这种影响，巩固对汉中地区的控制，正是曹操优待、重用张鲁的关键所在。当然，张鲁对于曹操的尊重及其某些做法，尤其是封存财物粮食以待曹军的这一举动，也应当是其中的重要因素。

汉中得手之后，随军征讨汉中的司马懿，极力建议曹操乘胜向南推进，攻打去年五月始被刘备侵占的益州。

司马懿表示坚信，只要挥师南下，攻取益州，指日可待，因为其一，曹军的攻占汉中，极大地震慑了益州；其二，用欺骗手段抢夺刘璋地盘的刘备，至今尚未得到益州民众真心实意的拥戴；其三，刘备目前正在公安与孙权争夺"南三郡"，后方空虚。

丞相主簿刘晔与司马懿不谋而合，同样主张立刻进兵取蜀，并且特别强调把握时机的重要性。

曹操答复这两位幕僚说："人苦无足，既得陇，复望蜀邪？"从而拒绝了司马懿和刘晔的建议，态度很坚决。

给《三国志》作注的裴松之对曹操的得陇不复望蜀表示异议。他断言：既取汉中而不顺势攻蜀，是曹操一生之中的又一重大决策错误。其实，这个看法是可以讨论的。

首先必须看到，在长期的行军作战之后，曹军已经相当疲惫，让急需修整的他们深入益州腹地与蜀军作战，显然很不现实，也很难令人对交战前景持乐观态度。

其次，汉中刚刚攻克，根基不稳，在这种情况下遽然南进，既不能保证军粮供应不发生任何困难，也不能保证作为后方基地的汉中在曹军遭遇困难的时候，不发生变乱。

第三，分别在东线和中线虎视眈眈的孙权、关羽，都是不可不防的劲敌，假如曹军过深地卷入益州事务而无法脱身，就很难保证中原万无一失。事实上，就在曹军攻占汉中后的次月，孙权对合肥发动了大规模的攻势，尽管曹操早就预料到孙权很可能会趁他远征汉中之机攻打合肥，并且事先也作了必要的布置，然而，要不是张辽等守将应对有方、奋勇拼杀，合肥究竟能否守住真的很难说。

第四，司马懿、刘晔有关刘备益州政权脆弱不堪的论断，并未建立在实地考察的基础上，具有很大的主观性、随意性和盲目性。退一万步说，即便曹军能够在短期内攻占刘备的地盘，也很难守得住，因为这时刘备已经率领主力部队回到了巴郡境内的江州（今重庆市）。

因此，曹操否定部下得陇望蜀的建议是合理的。

大约在这年九、十月间，曹操任命夏侯渊为征西将军，督率张郃、徐晃、郭淮等大将，全面负责汉中的防务。同时提拔丞相长史杜袭为驸马都尉，主管汉中的民政。随后，他带领主力部队班师，于次年二月回到邺城。

对于曹操的急于回师，当时和后来人有许多解释。刘备的帐下谋士法正曾经作过分析："曹操一举而降张鲁、定汉中，不因此势以图巴、蜀，而留夏侯渊、张郃屯守，身遽北还，此非其智不逮而力不足也，必将内有忧逼故耳。"

法正的分析大体没错。这里我们暂且放过，以后再说。

在此后的一年多时间内，汉中没有战事，其中的缘故是：刘备当时正致力于稳定既有的地盘，尚无余力来争夺汉中，而汉中曹军不但兵力严重不足，而且它的使命本来就仅仅是维持现状。

但刘备不可能长期坐视曹军对汉中的占领，对刘备来说，只有攻占汉中，才能真正确立对益州的绝对控制。

建安二十二年十月，刘备亲自挂帅，统率主力部队从南翼进攻汉中；其次，派张飞、马超、吴兰等人带兵北上武都郡，配合主力部队，从西侧攻打汉中；最后，让诸葛亮留守成都，负责为前线补充兵源，提供军用物资。

刘备的这次军事行动，显然不是单纯以攻城略地为目标，而是以全歼汉中曹军为宗旨，原因在于：假如他仅仅想攻占汉中的话，完全可以从巴西郡北上，直插南郑，而不必自西向东，强攻阳平关天险。

也正因为打算在汉中境内全歼曹军，所以刘备派人去焚毁阁道，希望斩断汉中曹军向北撤退的归路。不过，这一行动没有成功，当蜀军开始行动时，就被闻讯赶来保护阁道的徐晃打退；截断汉中曹军退路的计划，因此搁浅。

建安二十四年正月，刘备因为一年多的对峙毫无进展，便改变进攻方向，放弃对阳平关的围攻，转而南渡沔水（即汉水），在定军山（今陕西勉县东南）、兴势山（今陕西洋县北）安营扎寨，实际上放弃了全歼汉中曹军的预定计划。

但是，夏侯渊并不了解蜀军的这一作战计划，他以为刘备此行的动机，就是翻越西南门户定军山，直接攻打汉中郡的郡治南郑，所以紧急离开阳平关，奔赴定军山，以期阻遏蜀军东向南郑；同时，为了确保阳平关的安全，夏侯渊又不得不分兵把守，从而使得本就单薄的兵力，更加捉襟见肘。

夏侯渊其实应该继续坚守阳平关，以不变应万变。他的反其道而行之，直接后果就是：兵力不足且又无险可守的曹军，在实力明显占优的蜀军的攻击下（从山上往山下俯冲），惨败于定军山。夏侯渊本人为蜀将黄忠斩杀。

主将夏侯渊被杀之后，群龙无首的曹军一片慌乱。当此之际，众望所归的荡寇将军张郃，在督军杜袭和征西司马郭淮的支持下，毅然挑起了主将的重担，重新部署防务，拦阻了蜀军的渡河北上。于是，交战双方以汉水为界，再次形成了对峙格局。

曹操这时见汉中战事胜负未卜，很不放心，因此在建安二十三年七月离开邺城西向，并在九月间抵达长安，就近关注汉中战局的发展动态。次年三月，也就是夏侯渊战败被杀几个月后，曹操亲自统领大军从长安出发，经褒斜道南下汉中。当时，刘备为了鼓舞蜀军士气，宣称："曹公虽来，无能为也，我必有汉川矣。"但在曹操进抵阳平关后，他却下令集中兵力防守险要，不与曹军正面硬拼。

就这样，刘备坚守不出，曹操欲战不能，敌对双方在此后的一个多月内，处于对抗而不决战的僵持状态。

刘备高挂免战牌的策略，无疑是正确的。假如与曹操硬拼的话，蜀军不但讨不到任何便宜，而且很可能铩羽而归，因为刘备花费了近两年时间，都没能打垮驻守汉中的夏侯渊部队，自然更不必说曹军主力。尽量拖延时间，与曹操打消耗战，这是刘备唯一切实可行、成本最小也最有成功希望的对策。

但这种相持局面显然不是曹操乐意接受的，因为他不可能像刘备那样，可以为夺取、巩固汉中倾尽全力。对他来说，汉中充其量只是一块可有可无的"鸡肋"，虽然弃之可惜，但假如勉强坚守，结果只能是后患无穷。更何况曹操这次南下汉中的主要意图，就是想把驻守在汉中的曹军安全地接到关中地区。

对于曹操的这种心态，丞相主簿杨修洞若观火，因此当曹操随口下达代号为"鸡肋"的夜间巡逻口令时，他就着手打点行装，随时准备撤离汉中。

五月，曹操审时度势，果断下令所有人员撤离汉中。刘备如愿地获取了汉中。

汉中的得而复失，一方面是势所必然，曹、刘的军事争夺线大体已定；另一方面，建安十八年前后，许都和邺城出现了一系列的事件，让曹操焦头烂额，这也牵涉到曹操的精力和心情。那么，这几年曹操在内部方面出现了什么问题呢？

第十七章

衷情难诉

对于曹操急着引军东返，不少人认为，这是由于曹操想马上做魏王。曹操诚然是在次年（建安二十一年）五月晋爵为王的，但是，如果仅仅想做魏王的话，什么时候不可以，又何必非要选择在这个节骨眼上？更何况，曹操绝对不是一个热衷于追求虚荣的人。因此，这样的解释既不合情，也不合理。

刘备的谋士法正认为：曹操之所以急着东归，"此非其智不逮而力不足也，必将内有忧逼故耳"。

若将法正那句"不是……就是"的话改为"既是……又是"，以解释曹操急于班师的原因可能更客观一些。所谓"力不足"：张辽等人在建安二十年（215）八月成功地挫败了孙权对合肥的攻势，但东线的安全问题，仍然让曹操牵肠挂肚；所谓"内有忧逼"，就是许都朝廷确实出现了一些不利于曹操的动向。

长期以来，曹操面临着内部两股势力的交相逼迫：一是以汉献帝为首的刘氏皇室力量，一是以荀彧为首的拥汉派谋士力量。

先说一下刘氏皇室力量。

自从曹操迎帝都许，汉献帝从此衣食无忧，居有定所，他的伙食肯定比曹操好得多，他穿的衣服也肯定要比曹操华美得多。曾经扫地以尽的皇室威严，又得到了重新确立，各种各样的典章制度，也正在建设之中。

可是，不必再颠沛流离的献帝，却从此陷于不可言说的痛苦之中。

献帝认为自己作为汉朝的天子，既有责任收拾旧山河，他本人也完全有能力担当起这个重任。因此，他很希望曹操扮演忠臣的角色，为他重振大汉雄风出谋划策、南征北战。可是不久他就自我认定：曹操只对忠臣的名号感兴趣，却不可能助他一臂之力。强烈期盼和冷峻现实之间的巨大落差，使得献帝很失望、很痛苦——在旁人的眼里，汉献帝是一个十足的可怜虫。在他自己的心中，充满了眼见大厦将倾又无力扶持的痛苦。

平心而论，献帝不甘心成为末代君主的心情可以理解，他的雄心壮志更值得嘉许，但问题在于：他手中既没有一兵一卒，也没有真正属于自己的地盘，又怎能在狼烟四起的当时号令天下？其实，即使给他足够多的兵马、粮草和足够大的地盘，他也未必能够保得住。说得过分一点，献帝是个志大才疏、眼高手低的人。

对于"大汉天子"这块招牌的含金量，献帝显然是高估了。虽然各路诸侯名义上都说尊奉皇室，但事实上除了曹操，没有人真正拿它当回事，那位袁术走得更远，干脆另起炉灶。

虽然曹操对汉献帝很不错，也不曾有任何不轨行为，只不过看护得比较紧罢了，可献帝却不但不心存感激，反而秘密策划针对曹操的敌对行动。据说他为表达对曹操的痛恨和反曹的决心，咬破手指，用鲜血写成一条"衣带诏"，暗中授给董承，让他相机行事。献帝是否真的用鲜血写诏书，史书没有说，但"衣带诏事件"却是不争的事实。

不过，对于这一事件，史书只是大略地记载了最后的结果，并没有记载具体的过程。

事情大概是从建安四年初开始酝酿的。首先应该是河间（今河北献县东南）人董承的女儿被立为"贵人"，然后在这年三月间，献帝的老丈人董承被合乎逻辑地提升为车骑将军（仅次于大将军的武职官员），领了"衣带诏"，去联络同志。

董承首先拜访了当时寄身曹操篱下的左将军刘备，这一则因为刘备是海内知名人物，曾经与曹操对着干；二则因为刘备据说是皇室的远亲。刘"皇叔"当场信誓旦旦，宣称要为侄皇帝和大汉江山赴汤蹈火。可时过不久，他就主动向曹操请缨，带兵拦截企图北上与袁绍会合的袁术，结果乘机逃之夭夭。

董承本以为有了刘"大英雄"助拳就足够了，一听刘备去了下邳，又夺了徐州刺史车胄的交椅，这才慌了神，不得不降而求其次，力邀偏将军王服加盟。

王服虽然是军人，但其中的利害关系还是知道的。他起初不愿意下水，等到董承开了一张空头支票（事成之后，取代曹操成为军队统帅），就立马应诺。搞定了王服之后，董承又通知了他的老部下、长水校尉种辑，以及议郎吴硕（参与这一计划的，根本没有罗贯中所提到的西凉太守马腾），事情就这么定了下来。

献帝一门心思地想害曹操，却居然拜托了这几个不成才的窝囊废，真是向和尚借梳子——找错了人，结果自然可想而知。就在次年（建安五年）正月，东窗事发，董、王、种、吴被一网打尽，株连三族。董贵人当时尚有身孕，献帝向曹操求情，被断然拒绝。

《三国演义》第二十四回说曹操见了"衣带诏"恼羞成怒，要不是他的谋士程昱晓之以利害，献帝也就被废黜了。对于献帝这个白眼狼，曹操肯定很痛恨，却还不至于像罗贯中所说的那样一时三刻失去了理智，想废黜献帝，另立一个什么帝。那时，正是他和袁绍决战的前夜。而且，刘协的那点货色，曹操既然已经领教过了，也就应当很清楚，即便放手让刘协大干，也掀不起什么惊天骇浪。

该杀的杀了，该整的也整了，但是，"衣带诏事件"并未就此了结，因为还有漏网之鱼。

十四年过后，也就是建安十九年十一月，又发生了一件震惊朝野的大事：伏皇后被诛。曹操在处死董承等人时，连有身孕的董贵人都不放过，这一点深深地刺激了皇后伏寿。她给担任屯骑校尉的父亲伏完写了一封信，除叙述曹操的残暴之外，还要求父亲暗中设法除掉曹操。作为皇后，献帝的痛苦也就是她的痛苦，献帝要与曹操拼命，她没有理由袖手旁观，这叫夫唱妇随。伏寿想助拳，自然要去麻烦她的父亲，这叫上阵父子兵。

连小国丈董承都受了献帝的委托，秘密联络同志，伏完这个正儿八经的国丈，理当更应该为献帝两肋插刀。《献帝春秋》说，伏完收悉伏皇后的来信后，曾将此信让尚书令荀彧过目。荀彧看后，"久隐而不言"。

董承的悲惨结局和荀彧的冷漠态度，吓退了本没有胆量的伏完，他不敢轻举妄动。建安十四年，伏完死去。

到了建安十九年十一月，这件事由于伏皇后的舅舅樊普的告密还是被曹操知道了。曹操逼迫献帝废掉伏后，并派御史大夫郗虑持节传达策书，收取皇后玺绶，又派尚书令华歆为郗虑的副手，领兵进宫收捕伏后。伏后关闭房门，藏在夹墙中，被华歆搜出。当时献帝在外殿，正招呼郗虑就座。伏后披头散发，光着脚走到献帝身边，哭泣道："皇上，我就不能再活了吗？"

献帝说："连我也不知道能活到什么时候啊！"

回过头，献帝对郗虑说："郗公，天下难道竟有这样的事吗？"

曹操令人将伏后关进暴室（关闭宫人之狱），幽禁而死。她所生的两个皇子也被鸩杀，兄弟及宗族被处死者达一百多人。

到此为止，所有参与"衣带诏事件"的人马，除了刘备，全都落网。所有落网的失败者，除了汉献帝，统统被处死。

曹操从此不能不加大对汉献帝的监控力度，并让自己的女儿曹节继任皇后。这个曹节，尽管她的夫君未必爱她，她也和汉献帝一样，过得很痛苦。在自己的哥哥曹丕代汉之时，需要交出传国玺，由于血管里流淌着和曹丕几乎同质的液体，她就大着胆子，不但三番五次地拒绝交出传国玺，而且恶毒地诅咒了她的娘家人。

自此之后，失去自由的汉献帝，再也没有机会亲自组织针对曹操的暗杀活动。

伏后被废事件发生在建安十九年，也就是说，曹操的汉中退兵（建安二十年，215）与这件事没有关系。

我们再说以荀彧为首的拥汉派谋士势力。前面说过，荀彧尽管是曹操的首席谋士，也为曹操的大业立下汗马功劳，但他的政治立场与曹操有所不同，他是坚定的拥汉主义者。

假如说曹操是许都政权的实际缔造者，那么，荀彧就是这个政权中的被广泛承认的文官领袖和首席设计师。他对维护皇权的神圣性有着无尽的兴趣，也主要因为他的努力，曹操才着手重建汉朝的礼仪制度，许都也因此成为拥汉派的圣地，全国各地的仁人志士才络绎而至。

虽然荀彧在政治理论上并无建树，却有着当时无人能及的行政能力。他尽管不是伟大的政治领袖，却无疑是杰出的实干家。他的人格魅力，主要体现在一心为公、任人唯贤。当时的许多精英人物，譬如郗虑、华歆、王朗、荀悦、杜袭、辛毗、赵俨、荀攸、钟繇、陈群、司马懿、郭嘉、严象、韦康，在来到许都之初，大多是在他的荐举下，被吸纳到许都政权之中。他的高风亮节，让他的同事、幕僚崇敬有加，有人甚至将他与孔门圣徒颜回相提并论。

随着汉献帝的迁居许都，荀彧也最终完成了社会角色的转换，尽管此后他仍不断为曹操献计献策，但他心里却认为自己并非只是曹操手下的谋士，更是汉献帝朝堂中的侍中、守尚书令。他的几乎所有举措，都以复兴汉室为宗旨，并为此呕心沥血。在这一点上，他与曹操存在着严重分歧，随着时日的推移，两者之间的这种分歧日益凸现。

刚才说过，建安五年"衣带诏事件"东窗事发。从《献帝春秋》的相关记载来看，荀彧或多或少地知道一些，那时的他，也应该已经朦胧地感受到曹操无意做中兴汉室的功臣，但他还是在权衡利弊得失之后，拒绝了伏完的邀请。因为荀彧清醒地预见到，官渡对垒既是曹操、袁绍两大阵营的决战，事实上也事关汉室的安危存亡，一旦曹操在对抗中失利，那么，汉献帝连傀儡的角色都无法维持。

正是出于两害相权取其轻的考虑，同时也因为对曹操尚抱有一线希望，荀彧不但在战前驳斥了孔融对袁、曹决战前景的悲观预测，而且时当曹操准备放弃官渡、退还许都，远在许都的他，又去信为曹操鼓劲加油。荀彧对当时形势的透彻剖析，清醒了曹操被困惑的头脑。对于官渡之战的最后胜利，荀彧功不可没。

官渡大捷后的建安六年三月，曹操打算首先南下攻打荆州牧刘表，然后再回头收拾袁绍。曹操作这样的打算，一方面确实是因为军粮供应发生了严重的困难，另一方面也因为他在官渡的胜利，很大程度上是一场侥幸的胜利，事后回想起来，不免有些后怕，由此产生畏难情绪，也在情理之中。更何况，凭曹操现有的兵力，也没有足够的把握将袁绍一举扫荡。这时，又是荀彧的建议，使得曹操回心转意。荀彧的建议是"宜将剩勇追穷寇"，不给袁绍死灰复燃的机会。

曹操对荀彧的功绩显然给予了充分的肯定，并在建安八年七月给皇上打报告，请封荀彧为万岁亭侯，后又在建安十二年三月，打算上表让荀彧做三公，只是因为荀彧的坚决拒绝，方才作罢。

拒绝封赏的事，自古以来多如牛毛，或者是源自真正的谦逊和清高，或者是出于对政治矛盾的回避，或者是以退为进猎取更大的利益，或者只是表示应有的恭敬和礼貌；但对荀彧来说，他的拒绝却是真诚的，或许他还希望他的拒绝进位三公，能够阻断曹操对更高职位的觊觎。

曹操之所以一再地给荀彧加官晋爵，这其中既有充分肯定荀彧功绩的因素，事实上也含有笼络荀彧的考虑。为此，他甚至将自己的一个女儿（即后来的安阳公主）嫁给了荀彧的长子荀恽。但曹操的笼络，未能改变荀彧忠于汉室的政治立场。

更令曹操恼火的是，荀彧明知伏完参与了"衣带诏"阴谋，却不予检举揭发，而后当曹操责问他为何知情不报时，他又百般抵赖。

建安十七年十月，董昭等拥曹派人士提议让曹操晋爵魏公，以表彰他对于"中兴汉室"的丰功伟绩。当时几乎所有的大臣都认为曹操当之无愧，只有荀彧坚决泼冷水，这就得罪了曹操。

于是当月，南征孙权的曹操上表汉献帝，让荀彧随他到谯县慰劳前线将士，接着又让荀彧以侍中、光禄大夫、持节、参丞相军事的身份，随军南征。这大概是荀彧自从建安元年以来第一次远离许都和汉献帝，而此次南下，也是他与献帝的诀别。

对于荀彧的神秘死亡，现存的史料说法不一。陈寿的《三国志》含混其词地说是死于忧虑；而范晔的《后汉书》却说荀彧在寿春养病期间，正在向濡须口进军途中的曹操派人送来的一只食品盒，荀彧打开一看，盒内空无一物，五十岁的荀彧随即明白了曹操的意思，于是服毒自尽。

死于忧虑也好，服毒自杀也罢，其实都无关紧要。死在建安十七年，对于荀彧来说，实在是最好的解脱，也是最完美的结局，他死得恰是时候，既成全了自己的名节，也有利于曹操妥善地处理后事。

曹操身边的谋士有两种极端类型：一种是道德理想主义，如荀彧；一种是政治现实主义，如荀攸。正因为有着像荀攸这样的政治现实主义者的追随，曹操的军政实力发展到了足以取代汉献帝而自立的地步；也因为有着像荀彧这样的道德理想主义者的或明或暗的抵制，曹操一时三刻还不敢大砸特砸汉朝的招牌。

荀彧死后的第二年，也就是建安十八年，曹操晋爵魏公，加九锡（古代帝王赐给权臣的九种物品，后世权臣图谋篡位，先谋九锡）。曹操的步伐加快，拥汉派的抵制也就强烈。曹操于建安二十一年做了魏王，接着就发生了崔琰"怨谤案"，崔琰下狱致死，毛玠也受到牵连，遭到废黜。之后，又有好几起规模不等的武装叛乱，如建安二十三年许都金祎、耿纪、韦晃、吉本等人发起了千余人叛乱，建安二十四年邺城发生了魏讽谋反案等等。对于这些抵制和反抗，曹操不再使用对付荀彧的委婉手法，而是从快从重，旗帜鲜明地予以镇压。

我们再说一下曹操自身。

曹操深受儒家思想的熏陶，干的是平定天下的事业，这在他一生的价值追求和人生实践中，处于核心的位置。

迎帝许都之前的事我们不说，单说曹操在将汉献帝奉迎到许都之初，虽然不能说忠心耿耿，但绝对没有任何图谋不轨的迹象。他不但为汉献帝及其追随者提供了食宿、日常开支及军事保护，而且开始重新构建正常的政治礼仪和典章制度。当时的曹操，对汉献帝的控制不十分严格，至少在表面上愿意尊重汉献帝的威仪，譬如为了兴利除弊、革新政治，他特地呈上《陈损益表》，请皇上批复。这无疑表明，建安初年的汉献帝，虽然并不掌握实权，但还不完全是傀儡。

曹操与汉献帝这两者关系的变化，当以建安五年正月"衣带诏事件"的东窗事发为界标。事后，曹操虽然没有追究汉献帝作为这次未遂政变主谋的责任，却明显加强了对他及其追随者的监控力度，汉献帝这才开始成了名副其实的傀儡。

此后，随着军政实力的增强，尤其是在彻底清除袁绍集团之后，曹操在严加防范政治反对派的同时，开始着手整顿许都政权的组织构成。

建安十三年六月，刚刚取得北征乌桓胜利的曹操，断然废除了"三公"平行体制，改设丞相及其副手御史大夫，分别由他本人及其亲信郗虑担任，并组建了一个以崔琰、毛玠、司马朗、卢毓、司马懿等人为核心的丞相府工作班子，从而极大地增强了个人集权。

鉴于曹操不是愚忠循礼的士大夫，我们完全可以大胆地推论：假如不是兵败赤壁，曹操很可能在集权的道路上走得更远，甚至有可能废黜汉献帝，另起炉灶，建立他的"家天下"。

但是，赤壁之战的失利，较严重地恶化了曹操所处的内外环境。一方面，孙权、刘备不但在军事上与他公然对抗，而且在政治上加以极力诋毁，指责他"虽托名汉相，其实汉贼也"；另一方面，许都政权内部的反曹派也充分利用曹操兵败赤壁、人心浮动的有利时机，加强了宣传攻势，说曹操有不逊之志，有人甚至干脆要求曹操交出兵权。

更为重要的是，兵败赤壁这一事件改变了曹操的心态。他显然片面地夸大了敌对势力，因此不但在军事上开始收缩防线，而且在政治上采取了让步政策。正是在这种心态的主导下，他在建安十五年（211）

写了《让县自明本志令》这篇文章，自剖心迹，一再表白自己并无篡汉的野心。文章分三部分，第三部分是全文的重点，也是曹操坚守的政治底线。

在这第三部分，曹操针对政敌的口诛笔伐，斩钉截铁地表示他绝不放弃对兵权和政权的控制，因为只有这样，才能确保他本人和子孙的人身安全，也才能确保国家的安全。不仅如此，他还打算让曹植、曹据、曹豹三子接受朝廷的封爵，目的是"以为外援，为万安计"。

曹操此后的内政方针，基本上是围绕《让县自明本志令》所表述的中心思想而展开的，并随着时势的推移作了相应的调整，也就是在不抛弃汉家天子的基本原则下，利用对外战争的每一次重大胜利，不断提升自己的政治地位，最终建立一个既与汉天子保持臣属关系，同时又具有很大自主性的王国。

事实上，汉魏之际北部中国的历史，也正是朝着这一方向逐步演进的。时至建安二十一年五月，以曹操进位魏王为标志，《让县自明本志令》所规划的建国方略得到了全面实现，一个以邺城为中心、作为汉朝属国的魏王国，至此得以最终建成。

就在曹操进位魏王后不久，拥汉派认为曹操的下一步行动必然是篡夺汉朝的帝位。而曹操的心迹到底如何呢？

第十八章

襄樊交争

对曹操来说，汉中得而复失自然是一大损失，但损失程度相当有限。他失去的其实只是汉中这块地盘，因为在撤离汉中之前，他早已把当地数万居民迁徙到了内地。另外，撤离汉中实际所起的效果是西线的防御力量收缩，反而增强了关中的安全。曹操用以驻守西南边境的防御力量，向来实力有限，以如此之少的兵力，想要确保在地理上与益州地区连为一体的汉中，难度之大，可以想象。但在撤离汉中之后，曹军的防卫压力反而减轻。其中的关键，就在于曹军的防线自从收缩到秦岭一线之后，只要守住褒斜道、傥骆道、子午道的北出口（褒斜道、傥骆道和子午道是汉中跨越秦岭北上关中的三条主要谷道，呈自西向东分布），就可以有效地抵御蜀军的攻势。这也是后来诸葛亮多次北伐却始终未能成功的客观原因之一。

自建安十四年至建安二十四年的十整年，襄樊一线出奇的平静。这一曹、孙、刘三方的战略焦点，如同漩涡，尽管周边急流鼓荡，中心却没有浪涌。

但从曹操自汉中撤兵后，襄樊一线的形势陡然变化，战云密布。建安二十四年七月，也就是曹操撤离汉中后不过两个月，关羽发动了襄樊战役。

当时负责镇守襄樊防线的曹军大将，是曹操的堂弟曹仁。曹仁的祖父曹褒，是曹操祖父曹腾的哥哥。

除了曹仁之外，还有原马超部将庞德。另外，曹操在长安一听到关羽进攻樊城的消息，立即派他的五虎将（张辽、乐进、于禁、张郃、徐晃）之一的于禁，星夜奔驰，赶来增援。

曹仁让于禁和庞德等七军在城北结营屯驻，与樊城形成掎角之势。

关羽在北伐的第一个月，根本没有什么收获，也看不到有攻克樊城的希望。《三国志·庞德传》说，在此期间，关羽曾和庞德交战，被庞德一箭射中了额头，全军上下因此很忌怕庞德。由此，我们可以认定：假如没有特殊的机遇，孤军深入的关羽，未必能在渐渐稳住阵脚的曹军身上占得多大便宜。

关羽的幸运在于：这年八月，襄樊地区连降了十多天的暴雨，以至于汉水暴涨，冲决了部分堤岸，淹没了驻守樊城城北的七支曹军的营寨，使得于禁、庞德等七军官兵被迫放弃营地，登上堤岸躲避洪水。以北方人为主要构成的曹军，本就不习水性，而且大多不曾见过洪水泛滥的阵势，出于生存的本能，都急着逃命，场面自然是乱哄哄，失去了控制。关羽就趁此良机，指挥他的部下乘船攻击早已乱成一团的曹军，从而轻易地击溃了本来未必有希望战而胜之的七军。

在这次交战中，无助的曹军官兵基本上是不战而降，就连于禁也失去了斗志，向关羽缴械投降。

庞德很可能是当时唯一宁死不降的曹军高级将领，不过，他不曾像《三国演义》所杜撰的那样，抬着棺材找关羽拼命。当时，他从拂晓一直战斗到午后，战斗到身边只剩下三人，这才跳上小船向樊城方向撤退，以期与曹仁会合。不幸的是，他们四人乘坐的小船不久就倾覆了，因而被关羽的部下生擒活捉。

成了战俘的庞德，视死如归，先是拒不向关羽屈膝下跪，而后又断然拒绝了关羽的诱降，最终被杀。庞德因为有一个堂兄在刘备那里做官，所以，他的忠诚一度很受同事们的怀疑，于是不得不经常解释："我受国恩，义在效死疆场。"最终庞德用实际行动表明了自己的政治倾向和道德情操。

于禁被俘虏后，先是被关羽送到江陵，而后又落入孙权之手。得此消息，曹操伤心地说：我和于禁相交三十年，谁知他面对危难反而不如归附不久的庞德。于禁的确是辜负了曹操的厚爱和期望。因此，曹操在有生之年没有向孙权提出引渡于禁的要求。

魏文帝黄初二年（221）八月，鬓发皓白、形容憔悴的于禁，被孙权遣返到了洛阳。这时已经登基做了皇帝的曹丕，不露表情地接见了他，改封他为安远将军，说是要派他出使东吴，先让他去拜祭曹操的"高陵"。于禁到了位于邺城的"高陵"，映入他眼帘的，竟然是关羽水淹七军的壁画：庞德愤怒不屈，于禁拜服归降。

这幅壁画显然是曹丕预先派人布置的，还未丧尽羞耻意识的于禁，因此悔恨交加，病倒在床，不久就一命呜呼了。但魏文帝仍然不依不饶，给了他一个带有明显贬义的谥号：厉侯。

我们回溯一下历史，于禁跟随曹操很早，但入曹操法眼，当在建安二年正月随同曹操第一次南征张绣期间。由于曹操的风流韵事而导致的张绣反叛，让曹操吃了不少苦头。在这场突如其来的变故中，于禁的表现可圈可点。首先，他没有像曹操的其他部下那样以逃命为急务，而是整饬手下的数百名士卒，有条不紊地且战且退；其次，对于趁乱打劫友军财物的青州兵，给予了严厉的批评教育。事后，青州兵恶人先告状，向曹操控诉于禁的种种"不妥"。但于禁撤到临时大本营舞阴之后，并未立即去找曹操辩解，而是首先安营扎寨，做好防范追兵的准备，等到一切安顿完毕，这才前去说明情况。因此曹操对他刮目相看，每逢大战，或委以重任，或带在身边。

不过，在曹操手下的五大虎将中，于禁既没有建立堪与张辽、乐进、张郃、徐晃媲美的战绩，实际上也并不具备突出的军事指挥才能，他之所以能够在猛将如雨的曹操阵营中占据很高的地位，关键就在于他的冷峻角色，迎合了曹操整顿军风军纪、绝对控制军队的迫切需要。

水淹七军之后，关羽接着猛攻樊城。此时樊城四面被洪水包围，城墙在洪水的冲击下不断崩塌。面对粮食减少、援军不至的情况，有人向曹仁建议在关羽的包围圈尚未形成之际，乘船利用夜色逃走。

这种想法得到了汝南太守满宠的斥责。他对曹仁说：

"山水来得快去得也快，这种状况不会持续太久。关羽的部分军队之所以越过秦岭便停了下来，不敢继续向前进兵，无非是怕我们从背后对他进行夹击。如果我们逃走，黄河以南的大片土地就不再归国家所有了。将军应当留在这里坚守。"

满宠的眼光很远，他看到放弃樊城不仅仅是一座城池的失守问题，还将对中原广大地区产生极为不利的影响。曹仁深表赞同，感到自己的责任重大。他一面沉白马祭河，祈祷洪水早退，一面激励将士，不惜一切代价死守樊城。

面对樊城的局面，曹操也很着急。他从长安移驻洛阳，以便就近指挥襄樊战役。曹操担心的有两点：一是樊城在关羽的猛攻之下是否守得住；二是许都以南的不少地方响应关羽，起兵造反。由于离前线太近，曹操产生将都城迁往黄河以北的打算。司马懿表示不妥，认为这一来是向敌方示弱，二来会引起百姓骚动。他建议曹操与孙权联合，司马懿说：

"刘备和孙权，表面亲近而实际上疏远。关羽得志，孙权肯定是不情愿的。我们可以派人去劝说孙权，让他偷袭关羽的后方，答应事成后把江南的土地封给他，这样樊城之围便可消解。"

曹操闻言大喜。一面派出使者去江东，一面令徐晃援救曹仁。

出使江东的使者很快就带回了好消息，孙权完全同意与曹操联合。

孙权未必没有洞悉曹操的用意，他之所以愿意撕破与刘备的盟约，攻打关羽，并非因为曹操给了他什么许诺，而是基于切身利益的考虑。

从战略平衡和相互制约的角度来看，一强两弱的格局最稳固，一弱两强的局面最脆弱，因此，弱小的孙权甘心与强大的曹操结盟，遏止刘备势力的膨胀。

从当时的形势来看，刘备对孙权的威胁事实上已经超过了曹操，一旦关羽成功拓展荆州的势力范围，那么，这种威胁势必更加可怕，这显然不是孙权所乐见的。

使者同时带回了孙权给曹操的一封密信，表示他将派兵西上，攻打江陵和公安两城。关羽得知后路被抄，一定会立即撤兵，樊城之围就可以不救自解。信中请求曹操不要泄露这个机密，以免被关羽知道而有所准备。

曹操读信后连忙与众将商议，大家都觉得孙权说得有理，不能泄密。只有董昭持不同意见。他分析说：

"我们不妨表面答应保密，而暗中将密信的内容透露出去。关羽听到这个消息，回兵自救，樊城之围自然解除，然后我们就可以坐观虎斗，收渔人之利。如果不透露出来，一来让孙权得志，他得以顺利地拿下江陵、公安；二来被围困的樊城将士不知有获救的希望，担心粮食不足，产生恐惧，可能会产生一些变故。再说关羽为人自负，自恃江陵、公安两城城防坚固，决不会轻易撤退，这样也不会影响孙权偷袭关羽的计划。"

曹操认为董昭的分析全面周全，大为振奋，立即采纳而行。他一面下令徐晃把孙权的书信分别用箭射入樊城和关羽营中，一面准备亲自提兵从洛阳赶往前线。

曹操打算急驱樊城，担心迟了樊城会失守。侍中桓阶对此提出不同意见。他问曹操："大王认为曹仁将军他们能不能相机处理好事情？"

曹操回答："能！"

桓阶又问："大王担心曹仁将军他们不肯努力作战吧？"

曹操回答："不会。"

桓阶说："那你为何要亲自带兵前往呢？"

曹操回答："我是担心敌人众多，徐晃将军他们难以对付。"

桓阶说："曹仁将军他们虽处重围而能死守樊城，是因为大王手握重兵要去支援他们。身处万死之地，必有死争之心。内怀死争之心，外有强兵援救，大王你何必担心他们而非得亲自前去不可呢？"

桓阶的话有拍马屁之嫌，不过曹操还是听从了他的建议，让一部分军队急驱前线，自己进兵摩陂（今河南郏县东南）静观其变。曹操的看法是如果把全部的力量都用上，万一失利，就会使内外寒心，士气丧失，陷入被动的局面，不如预留一点力量。

董昭的预计没错，樊城守军得知消息后，顿时斗志倍增。关羽得信后却犹豫起来。他一面疑心这可能是曹操玩的计谋，一面也感到孙权可能会袭击自己的后方。

就在关羽举棋不定、军心散乱之际，徐晃主动地向关羽发起了进攻，一战而定胜局。关羽损失惨重，只得撤了樊城之围。

樊城之围解除，大家都认为应利用关羽目前的困境，追而擒之。参军赵俨不同意。他对曹仁说："孙权利用我们与关羽相争的机会，想偷袭荆州，可又担心我们趁机去进攻，乘其两疲而收渔人之利。所以他才向我们顺辞求好，表示愿意为我们效力。现在关羽势单力薄，更应存留他为害于孙权。如果我们穷追关羽，就会引起孙权的疑心，使他改变态度，这对我们很不利。"经赵俨这么一说，曹仁没有下令追击，而是等候曹操的指示。不出赵俨所料，曹操一得到关羽撤兵的消息，担心曹仁会提兵追击，连忙派人敕令曹仁停止进兵。

以后的事，大家都是知道的，关羽为吴将所害。

襄樊战役，曹操用了较小的代价，就在有生之年，肢解了他最不愿意见到的孙刘联盟，极大地孤立了刘备；孙权为了最根本的利益，抛弃了至少在建安二十四年就可有可无的与刘备的同盟关系。这是曹、孙的双赢，两家皆大欢喜。刘备一方则输得很惨。

依我主观之见，关羽本不该发动这场战役。

首先，关羽的这次北伐背离了刘备集团的建国战略。根据诸葛亮隆中路线的规划，北伐必须同时兼备四个前提。一是跨有荆、益二州，建立稳固的根据地；二是搞好与南中、孙权的外交关系；三是治理好内政，储备足够的财力；四是等待有利时机，这包括曹操集团的内讧，以及曹、孙双方的战争。从当时的形势来看，北伐的条件显然很不成熟。

其次，关羽的出兵襄樊打乱了刘备的部署。当时，刘备虽然在汉中争夺战中取得了最终的胜利，但是，随着地盘的扩大、战线的拉长，有很多善后工作要做，因而不可能给予关羽有力的支持。在此种态势下，关羽本该采取守势，而不是贸然出击。

第三，关羽这次用兵襄樊，既没有得到刘备的授权，也并没有选对进攻的时机。因为当时的曹操已经从汉中撤退，尽管有些困难，但毕竟有实力和精力对付孤军北上的关羽。

其实在此之前，关羽至少有两次较好的北伐机会，一次是在建安二十三年十月，宛城守将侯音、卫开反叛曹操期间（他们利用南阳百姓因徭役负担过重而产生的不满情绪，聚众作乱，直到次年正月才被平定）；另一次是在次年三月，曹操亲自领军与刘备争夺汉中之际（当时驻防襄樊的曹军只有区区几千人），这两次机会关羽却都没有把握住。尤其是当刘备与曹操在汉中胶着的时候，关羽本应该积极配合刘备，出兵牵制曹军。

因此，从刘备方面而言，荆州的失守，关羽是有重大责任的。

樊城一战的意义是重大的。曹操在这次战役中，利用孙权的力量消灭了关羽，解除了襄樊的威胁。孙权从刘备手中夺回了荆州，将势力延伸到了三峡以东、长江以南的大片地区。三国鼎立的局面最后形成，三国的疆域至此也大体固定下来。诸葛亮在《隆中对》中所提出的从东西两面向曹魏进击的设想已然落空，以后诸葛亮多次对魏用兵，都只能出汉中一路，不能从根本上动摇曹魏根基，这对曹操身后的三国形势产生了深远的影响。

关羽被害后，孙权派人将关羽的首级送给曹操，这一方面是为了对曹操表示归附之意，另一方面也是为了嫁祸曹操，以期引起刘备对曹操的不满。同时还写了一封劝进信，让曹操做皇帝，他表示臣服。

孙权这一手，如何能瞒得过曹操。他用诸侯之礼将关羽的首级葬在洛阳城南，并将孙权所上之书遍视群臣，说："孙权这小子是想把老夫放在炉上烤啊！"

还是那个马屁精桓阶，他太不了解曹操的用意，连忙上书，劝曹操宜正大位，连孙权都"在远称臣"，还犹豫什么呢？曹操的心腹夏侯惇也乘机劝进，他对曹操说：

"天下人都知道汉朝的气数已尽，将要被取代。自古以来，能够为民除害、被民众拥戴的人，就是民众的领袖。如今大王你从戎三十多年，功劳德行名于天下，是众望所归，您应该上应天命，下从人愿，早登大位。"

曹操摇摇头："若天命在吾，吾为周文王矣！"（如果天命在我，我就做周文王吧。）

为什么曹操只愿做周文王，而不愿意自己称帝呢？这一点不仅当时的拥汉派不明白，我们这些后世人也不明白，不少学者为此写了不少文章，探讨了曹操终身没有篡汉称帝的内因外缘：

一则因为，假如曹操贸然称帝，会给政敌和内部的拥汉派增加攻击的口实，使自己在政治上陷入被动。正是为了避免出现这种情况，曹操继续维持汉献帝这块招牌。

二则因为，至少从建安十五年（210）起，曹操一再言辞恳切地宣称自己绝无代汉自立之心，假如突然变卦的话，对他的声誉名节必将造成不利的影响，因此，曹操只好万般无奈地抑制自己的皇帝梦。

三则因为，曹操年事已高，自我估计将不久于人世，所以隐忍不发。

从当时的内外情势来看，曹操如要登基称帝的话，几乎没有什么阻力。第一，暂时化敌为友的孙权表示支持，虽然这种支持是有条件的，却无疑是真心的（条件是曹操应在未来的孙、刘交恶中，支持孙权）；第二，曹氏阵营内部也迫切期望曹操做皇帝，以便名正言顺地做开国功臣；第三，许都政权内部虽然接连爆发过两场动乱，不但规模小，而且持续时间短暂，相对于实力雄厚的拥曹派来说，拥汉派根本无足轻重。对此，曹操应该了解，但他还是断然拒绝考虑进一步高升。

相对于同时代的其他知名人物而言，曹操不但对汉室贡献最大，也最没有野心。曹操曾说："设使国家无有孤，不知当几人称帝，几人称王。"这一事实虽然是有目共睹，但遗憾的是，并非有口皆碑。

曹操始终执守臣节，这不能不说是一种美德。然而，对于曹操本人的历史地位，进而对于曹魏的长治久安来说，他的不肯篡汉，却是极大的失策。他早该快刀斩乱麻，果断地废黜汉献帝，做名正言顺的开国皇帝，果真如此的话，谁还会说他是"汉贼""奸雄"？

周文王之为周文王，未必是他本人心甘情愿的；周文王之所以拥有如此崇高的历史地位，在很大程度上是周代国祚久长的结果。反观曹操，他完全有机会做真正的魏武帝，也有足够的能力治理好他的国家，他却偏偏要选择做什么周文王，结果却成了一个并不十分成功的权臣，既不曾像董卓那样玩弄皇帝就如同摆弄木偶，也不曾像诸葛亮那样，把权势玩得遮天盖地而又堂而皇之。

陈寿说曹操"揽申、商之法术，该韩、白之奇策"，傅玄也称"魏武好法术"，但对曹操影响至深的，显然还是儒家思想。由此也不难发现，曹操的终身拒不篡汉，正与他的以儒家思想为主体的知识谱系存在着内在的契合关系。

就曹操本人而言，襄樊之战是他一生戎马生活的终结。西征汉中，未能达到预期目的，接着便是樊城告急，紧急回救，连续作战。不间断的鞍马劳顿，使曹操身心交瘁。这位六十六岁的英雄不堪重负，难以雄起了。曹操，这只勇敢、骄傲的乌鹊，"绕树三匝""无枝可依"之后，带着一身的疲惫，要飞回他的永久的巢穴去了。

第十九章

大星陨落

汉献帝建安二十五年正月庚子（公元 220 年 3 月 15 日）是一个不寻常的日子。就在那天，曹操病逝于洛阳，享年六十六岁。"华夏饮泪，黎庶含悲"，曹植《武帝诔序》中的这句话，有所夸张，但绝不是妄语。

《魏晋世语》和《曹瞒传》都说，曹操的病逝与建造洛阳建始殿有关。当时，工匠苏越等人奉了曹操的指令，想把濯龙祠旁一株形状相当漂亮的梨树移植到建始殿边上，但在挖掘时，伤及梨树的根部。奇怪的是，从梨树的伤口流出的，竟然是鲜红的人血。曹操闻讯之后，心情更加忧郁，于是病情严重恶化，最后不治身亡。

长期以来，曹操受到了头风病的折磨。当时能替他治愈这一顽疾的，只有他的老乡华佗一人而已。有一段日子，华佗被曹操请到身边，做他的私人医生。华佗的最大毛病就是自由化倾向过于严重，喜欢我行我素。这也难怪，医生嘛，悬壶济世，怎能专为一人服务呢？华佗在曹操身边没过多久就厌倦了，先是以回家取医方为借口，请假回到了故乡谯县，然后又说自己的老婆有病需要他细心照顾，一再自作主张地延长休假。曹操多次催促他即刻返回工作岗位，都被他当作耳边风，拒不服从命令。曹操恼怒之余，派人到谯县调查情况，这一查就立马查出华夫人根本没有得病，于是将华佗缉拿下狱治罪，最后处死了这个桀骜不驯的当代扁鹊。

对曹操来说，处死华佗无异于自杀，从此没人能治他的头风病。

王沈《魏书》说，曹操的老对手刘备，这时派了使者韩冉前来吊唁，但遭到曹丕的拒绝，来使韩冉也被杀。这种做法说明，曹丕的手段比他老子差远了。

对于曹操的病逝，汉献帝有否心中窃喜，史书似乎没有明确的记载。假如他确实产生过类似的快感，那么，他简直是个不可救药的人物。

曹操的死，对曹操其他的敌人来说，大可以弹冠相庆，唯独汉献帝例外。因为曹操一死，他的好日子也就算到头了。

曹操值得所有人向他脱帽致敬。是他，一个白手起家的乱世英雄，终结了东汉末年华北地区的动荡局势。是他，一个史无前例的政治领袖，坦白了德才之间本不存在天然联系的客观事实，尽管在实际选才中还是讲究德才兼备。他不是为了标新立异而推陈出新，而是为了除旧布新而因时制宜。他虽然参与了对汉代文明的破坏，却更致力于重构与汉代文明既一脉相承又有所不同的文明。

曹操的可贵，还在于他节俭的生活作风。他衣着朴素，暖身而已；饮食简单，拒绝铺张浪费。他不但身体力行，而且以此约束他的家人。郭颁《魏晋世语》说，曹植的妻子就是因为有一天穿了件过于华丽的衣裳，又一不小心恰好被她的公爹瞧见，于是被逼令自杀。这里姑且不论《魏晋世语》的这一记载是否确有其事，从中的确可见曹操推行去奢尚俭的坚决态度。

曹操还把是否节俭作为选拔官吏的前提，作为衡量官员品质好坏的标准。正是在他的倡导下，朝野上下一度以俭朴节约为时尚，当然，其中不乏故意以形容不饰、衣裳敝坏取悦曹操的小人，林子大了，什么鸟都有！对于那些确实不廉洁的官僚，曹操决不徇私枉法，都予以严厉处分。譬如他的同乡好友丁斐，私自调换官车，曹操得知后，立马加以撤职查办。

更为难能可贵的是，晚年的曹操以身作则，致力于破除风靡已久的厚葬陋习。建安二十三年六月，曹操感到在世上的日子不多了，写了一篇《遗令》：

"古之葬者，必居瘠薄之地。其规西门豹祠西原上为寿陵，因高为基，不封不树……其公卿大臣列将有功者，宜陪寿陵，其广为兆域，使足相容。"

这篇《遗令》讲了三个问题：一是不要厚葬，死后要将自己埋葬在瘠薄的土地上，也就是不要侵占农田，依照原有的高度作为圹基，不堆土，不植树。二是确定了寿陵的地点，在邺城西门豹祠以西较高的原上。三是墓地的范围要宽广一些，以便能够充分容纳涪陵。

一年后，曹操为自己准备了送终的寿衣，分别装在四个箱子里，上面写明春夏秋冬，并留下一个交代："有不讳，随时以敛。金珥珠玉铜铁之物，一不得送。"

不讳，指死。随时以敛，按当时季节所穿的衣服入殓。金玉珠宝之类一概不要随葬。这是对其薄葬提出了具体的要求。曹操的这种做法，开启了魏晋薄葬的新风。甚至在弥留之际，他还遗令丧事从简、举哀适度，务必低调处置。《三国志·武帝纪》是这样记录的：

"天下尚未安定，未得遵古也。葬毕，皆除服。其将兵屯戍者，皆不得离屯部。有司各率乃职。敛以时服，无藏金玉珍宝。"

天下还没安定，不能遵守古代的丧葬制度。安葬完毕后，大家都脱掉丧服。带兵的将领不要离开驻地。各级官吏，都要各尽职守，不要离岗。再一次强调"敛以时服"，不得随葬金玉珠宝。

如同所有生理健全的男人一样，曹操对美女有着难以抑止的冲动，却不曾始乱终弃、玩弄女性。在那篇令人瞩目的《遗令》中，曹操不仅可敬地确立了简便操办丧事的原则，而且可亲地顾念起婢妾、伎人的未来。《遗令》是这样说的：

"吾婢妾与伎人皆勤苦，使著铜雀台，善待之。于台堂上安六尺床，施穗帐，朝晡上脯糒之属。月旦十五日，自朝至午，辄向帐中作伎乐。汝等时登铜雀台，望吾西陵墓田。余香可分与诸夫人，不命祭。诸舍中无所为，可学作组履卖也。吾历官所得绶，皆著藏中。吾余衣裘，可别为一藏，不能者，兄弟可共分之。"

什么意思呢？曹操要求曹丕等，将他的婢妾和歌舞艺人安置在铜雀台，好好对待。在铜雀台正堂上安放一张六尺长的床，挂上灵缦，早晚供上干肉、干粮之类的祭品，每月初一、十五，从早至午向着灵帐歌舞。要经常上铜雀台，看望西陵墓田。余下的熏香可分给诸位夫人，不要用来祭祀。各房的人没事做，可学着编织有丝带饰物的鞋子来卖。自己一生做官所得的绶带，都放到柜中，遗留的衣服，可放另一柜中，不行的话，你们兄弟可一起分掉。

对于曹操的"组履分香"，那些鄙夷他的人，尽可以奚落嘲笑他的语无伦次、儿女情长，却足以让每位真正有爱心的人唏嘘不已。

在夏侯尚、司马懿等人的陪奉下，曹操的灵柩被运抵邺城，建安二十五年二月丁卯（公元220年4月11日），埋葬在他亲自选定的邺城西面的山冈上，当时称作"高陵"（后世以其地处邺城西面，大多称它为"西陵"），与西门豹祠近在咫尺。陵墓内除了曹操本人预先准备的四箱送终衣服，以及质朴无华的陶制明器，没有金玉珠宝铜铁之类的陪葬品。整个陵墓"因高为基，不封不树"，一切布置都因陋就简，也未曾建造纪念性的建筑物，所有后事都是严格遵从曹操生前遗愿来操办的。

贞观十九年（645）二月，唐太宗在御驾亲征高丽途中，曾经高规格地拜谒了曹操的"高陵"，并亲自作了一篇题为《祭魏武帝文》的祭文。唐太宗的这篇祭文，将曹操和商代的伊尹、西汉的霍光相提并论，给予了高度的评价。这说明在唐代初年，曹操的坟茔依然保存完好。

时至唐代后期，李吉甫在《元和郡县志》卷二十中，仍然明确记载曹操的西陵在邺县城西三十里处。西门豹祠与高陵相距大约十五华里。

但是，到北宋的乐史撰写《太平寰宇记》时，虽然也曾提及邺县有魏武帝、魏文帝和甄后"三陵"，却不曾指出它们的具体方位。

据此可以推知，大致在唐末五代以后，曹操的陵墓已然倾颓，而且无从寻觅。宋人只是大概知道曹操的西陵在邺县，至于它的具体位置，却已不甚了了。

曹操陵墓的倾圮，可能与彰河的泛滥改道有关。

大约从南朝梁代开始，围绕着曹操的西陵，产生了至少两则民间传说。一则说，在魏武帝陵墓中有一孔清泉，泉水气味芳香，因而民间称之为香水。另一则说，在陵墓中各有两座铜驼、石犬。这样的传闻显然不着边际。因为根据常情，曹操肯定不会把自己埋葬在湿漉漉的涌泉旁边；而且各种各样的文字材料，包括《三国志》《资治通鉴》等比较严肃的正史在内，都明确记载曹操陵墓中并无金玉珠宝铜铁之类的陪葬品。

但无论如何，这些传闻的问世，实际上表明民间对曹操的陵墓产生了越来越浓厚的兴趣。只不过，梁代的人们对于西陵的猜测，尚停留在好奇这一层面上。

然而，时至两宋（尤其是南宋），这种正常的好奇心理，蜕变成了对曹操人品的质疑、对曹操人格的侮辱。于是，有关曹操在彰河上布置七十二疑冢的传闻不胫而走，而且越传越邪乎，似乎成了铁证如山的事实。

也有学者认为七十二疑冢的传闻多半出自盗墓贼的杜撰，因为他们在悉数发掘西门豹祠附近的山头之后，仍一无所获，于是在沮丧之余，就编造了这一传说，聊以自慰。

这种推测当然不无道理，但我的观点更倾向于：七十二疑冢传闻的出笼，与宋人的心态及其在这种心态主导下对曹操的评价有关。

宋代即便不像陈寅恪先生所说的那样，是华夏文化的造极时代，至少也应是华夏文化演进史上的灿烂期，不过，它又实在太文弱。它不但从未有过扬眉吐气的大一统，反而经常受到邻邦的欺侮，康王赵构更是仓皇南窜，偏安东南一隅。当政者最初还略作反抗以保卫国格，后来竟至于逆来顺受、恬不知耻。它的国民看起来个个义愤填膺、人人慷慨激昂，实际上却没有几个人真正愿意为一雪国耻而赴汤蹈火、出生入死。

尤其可悲的是，在举国上下的忍气吞声中，滋育出极不正常的国民心态。他们几乎从不思量自己的软弱，却举国一致地指责古人的强梁；

他们也从不检视自身理论的苍白，却近乎偏执地拿着自制的标尺去裁量古人、评价前史。正是南宋朝野集体无意识的可悲，既篡改了汉末三国的历史，又使得曹操从此蒙受了不白之冤。

"七十二疑冢"原创版的作者究系何人，已经很难确考。从现存的相关资料来看，最早述及曹操疑冢的，大概就是北宋王安石的《将次相州》诗：

青山如浪入漳州，铜雀台西八九丘。蝼蚁往还空垄亩，骐驎埋没几春秋。

功名盖世知谁是，气力回天到此休。何必地中含故物，魏公诸子分衣裘。

相比较而言，他的叙述还算比较平允，南宋文人的指责却要刻薄恶毒得多，且看俞应符的打油诗《曹公疑冢》：

生前欺天绝汉统，死后欺人设疑冢。人生用智死即休，何用余机至丘垄。

人言疑冢我不疑，我有一法君未知。直须尽发疑冢七十二，必有一冢葬君尸。

范成大在他的《石湖诗集》卷十二中提到，他在孝宗乾道六年（1170）出使金国期间，曾经在邺城外亲眼见过曹操的七十二疑冢，而且临冢感怀，即兴写就了《七十二冢》诗一首：

一棺何用冢如林，谁复如公负此心。闻说群胡为封土，世间随事有知音。

石湖居士的这首诗流传很广，曹操七十二疑冢的事也就越传越开。

如今，在河北省临漳县讲武城以西至磁县一带，的确有一座座形同山丘的土堆，而且当地民间也确实相传这是曹操七十二疑冢的遗迹。但据专家踏勘和考证，那都是北魏、北齐皇族的陵寝，与曹操的西陵没有任何瓜葛。

然而，对于宋人不负责任的信口开河，后人却深信不疑。元初落魄文人杨奂的《山陵杂记》，在宋人旧说的基础上又作诡论，说曹操因为担心被人盗墓，所以特置七十二疑冢于漳河之上。

时至明代，有关七十二遗冢的种种责难，不但集宋元以来之大成，而且附会出许多新的版本。颇有创意的，是那位名不见经传的嘉靖十四年（1535）进士王立道，他的《铜雀伎二首（其二）》诗，以为曹操尸首并不在七十二疑冢之中：

漳河流日夜，歌舞未能休。艳色今谁妒？余香空自留。

朝云不作雨，陵树早生秋。满目多疑冢，君灵在此不？

在清代，鬼话连篇的蒲松龄，在他的《聊斋志异》卷十《曹操冢》中，煞有介事地杜撰了一个与鬼有直接关联的故事。故事说在许城外有一条水势湍急的河流，在一个炎炎夏日，有人来到河边洗澡。这个"短命鬼"大概一时高兴，扎了一个猛子潜入水中，不料此去竟成永别，浮出水面时已是被截为两截的尸体，从受害的情况来看，显然是被锋利的刀刃横向切割所致。于是，少不得他的家人一顿号啕大哭，之后入殓、出殡。乡亲们大抵以为此事纯属意外，略表同情之余，未作其他联想，却万万没有想到，一波未平，一波又起：没过几天，又一男子在下河洗澡时遭遇同样的不幸，这就自然不能不让人联想起传说中的水鬼为害，一时间，谈"河"色变。县太爷闻讯而至，并斗胆下令乡民在上游设闸断流。待抽干潭水，竟发现崖下有洞，洞门上设转轮，转轮锋利异常，显系杀人凶器。进而打开洞门入内，映入眼帘的，除了金银珠宝外，尚有小碑一方，上刻汉篆"曹孟德墓"四字。于是，群情激奋，破棺扬尸。

这是故事的梗概。讲完故事后，自称"异史氏"的蒲先生最后总结说，曹阿瞒这只狡猾的老狐狸，死后又欺骗了多少世人，他的遗体原来并不在七十二遗冢间，而是在许城外的一条无名小河中。

关于七十二疑冢，民间还有一种说法。

说曹操临死时，他所有的亲生儿子都不在身边，在病榻旁聆听曹操遗愿的是他的干儿子。于是，这个干儿子被要求准备七十二口棺木，同时在漳河边建造七十二座坟墓。而且，干儿子还被请求在曹操出殡那天身穿红袍。办白事穿红袍，真是稀罕！干儿子自然很奇怪，免不了向干爹讨教。曹操解释说他年过花甲升天是大喜之事。考虑到这是干爹的最后心愿，干儿子最终同意了。出殡那天，七十二口棺木同时从四门出城，眼花缭乱的人们，根本不知道曹操的遗骸究竟安放在哪口棺木里，更不晓得葬在哪一座坟墓之中。最受愚弄的，则是那个干儿子，就在曹操出殡那天，正在祭灵的他，稀里糊涂地被刚刚赶到的曹操亲儿子曹丕一刀结果了小命。原来曹操在吩咐干儿子操办后事的同时，暗中给外地的曹丕寄了封信，信中要求曹丕宰杀穿红袍的祭灵者，干儿子就这样成了冤死鬼。也因此，曹操的遗骸究竟埋葬在何处，成了千古难解之谜。

这一传闻的破绽多得实在太离谱，我们也只能当作笑话听了。

对于曹操确切的葬身之处，严肃的学者作过大量工作，可是难以作出统一的结论。

有学者根据东晋文人陆机的记载，推测曹操墓在今临漳县西面的丰乐镇西门豹祠一带。但丰乐镇的西门豹祠，建于北齐天保五年（554），逝世于汉献帝建安二十五年的曹操，不可能遗令安葬于此祠之旁。

从临漳三台村以西八里的讲武城到磁州之间，分布着一座座形如山丘的土堆，有人认为这其中必有一座是曹操的坟墓。但从晚清至民国，这些疑冢大多被人盗发，从墓志看，墓主大多为北魏、北齐时代的王公要人。

又有学者根据魏文帝的《止临菑侯植求祭先王诏》，推测曹操陵墓是别出心裁地修建在漳河河底。虽然1983年当地农民曾在漳河大桥河床挖到过银元宝、银锹等等，但据考古学家推断，漳河大桥下出土的文物是明代皇室船队在此翻船时的遗留品，与曹操墓无关。

近来，有学者根据《三国志·武帝纪》《通典》《太平寰宇记》和《彰德府志》等传世文献的有关记载，结合1975年在临漳习文村发现的东汉晚期墓葬实物加以综合分析，认为曹操陵墓位于今河南安阳灵芝村与今河北临漳习文村一带。

是不是这样，还得留待后生们解决这一问题吧。

走过汉末乱世的风风雨雨，生前的曹操虽有这样或那样的不是，却也问心无愧；卧听人世间形形色色的无稽之谈，九泉之下的他，同样大可心安理得。此正所谓：核人贵实，浮论难凭，从古圣贤不能无谤，何况他沛国曹瞒！

第二十章

身边女性

曹操是好色的。

对于他的好色，历来有很多解释。一说曹操是个英雄，美人爱英雄，英雄惜美人，这本是现实中的逻辑，历史上常见的现象。一说曹操的好色与他的出身有关，阉宦之人即使银铛左貂，封侯享爵，也仍粗俗鄙陋，子弟缺乏教养、礼法不谨。曹操凡美色见一个要一个，一律照单全收，这是阉宦之家的门风和品行所致。还有人说曹操的好色是长期承受各方面的极度压力所造成的，短暂的欢娱能消除这位英雄的一时倦怠和麻木，抖擞精神继续伟大的事业。不管怎么说，大家都认定曹操是出了名的好色之徒。

好色的曹操一生拥有过多少女性，现在已是无法统计了。《三国志·武文世王公传》只记载了有名有姓的十五位，而实际的人数恐怕不止这些。

曹操的嫡妻丁夫人，没有生育。曹操后娶刘氏，生长子曹昂及清河长公主。刘氏早逝，丁夫人收曹昂为养子，将过剩的激情和母爱全部投到了曹昂的身上。自曹昂随曹操征张绣阵亡以后，丁夫人伤心至极，整天以泪洗面，甚至将曹昂的死归在曹操身上，不停地埋怨和唠叨。曹操实在烦不过，一气之下，打发她回了娘家。这位丁夫人脾气挺倔，一直不肯回心转意。后来，曹操去了岳母家，想把她接回来。曹操进门的时候，丁夫人正在织布。看到曹操进来，不予理睬，踞机如故。曹操上前抚着夫人的背，轻言道："和我一道回去吧。"丁夫人依然是不顾不应。曹操觉得无趣，便向岳母等告别出门，待走到门外又停下脚步，对夫人说："真的不跟我回去？"丁夫人还是没有说话，一任机杼横来竖去。曹操重重地叹了口气："无望了。没想到我们夫妻一场，今日竟到了这般地步！"低头对岳丈说："替你的女儿另找个好人家吧。"便独自离去。

对于这位结发妻子，曹操多少是有些感情的。自曹操绝弃之后，丁夫人心郁气结，伤心离世。曹操依卞夫人之请，将其归葬于许城之南。二十年后，曹操在病重之际仍记挂着这件事，叹道："我前后所做的事情，于心未曾有所负。假如死后有魂存在，子修（曹昂）若问：'我的母亲在哪儿？'，我将以什么话来回答他呢？"由此可见，曹操至死还惦记着丁夫人。

丁夫人被弃之后，卞氏在曹操的女人群中地位便是最高的了。卞氏，琅琊开阳（今山东临沂北）人，本是歌女，虽有姿色，却家世不显。曹操在谯县纳卞氏为妾的那一年，曹操二十五岁，卞氏二十岁。及至董卓作乱，朝廷欲捉拿曹操，曹操仓皇之下单身逃命，把妻室和手下兵卒全撂在了洛阳。袁术误传曹操已死的凶讯，曹操部属便想着各奔东西。卞夫人挺身而出，劝阻道："曹君的吉凶还没能确知，今日大伙逃回故里，明日曹君如若还在，我们还有何颜面再与他相见？再说，即使真的大祸临头，我们也应当一同赴死，有什么好怕的？"在卞夫人的劝说下，部属安定下来。对当时急欲起兵讨伐董卓的曹操来说，这些人数不多的部属，是极为珍贵的。因此，对于卞夫人此举，曹操甚为满意，便更加宠信。

在曹操所有的女人中，卞夫人跟随曹操的时间最长。能得到曹操这样的人的宠爱和信重，除了突出的才色之外，卞夫人还拥有高贵的品德以及谨慎得体的处事风范。

一是卞夫人胸襟广阔，宽厚待人。丁夫人被废前，因为是嫡妻，又抚养着长子曹昂，对待卞氏母子并不怎么厚道。卞夫人为继室后，不念旧恶，常常在曹操出行的时候，派人给丁夫人送些东西，还私自迎接丁夫人，让她坐在上位，自己坐在下位，迎来送往，礼节同以前完全一样。丁夫人很受感动，不安地说："废弃之人，如何能让夫人老是这样善待我呢？"卞夫人随同曹操出征，每当看到年高白发的老人，总要停下来，关切地询问一番，送些绢帛，还往往触景生情，流泪道：

"只恨我父母没有能活到这个时候！"

二是性好俭约，不尚华丽。她的住所没有锦绣珠玉等摆设，家具涂的都只是一般的黑漆。在国家困难的时候，为了节省开支，卞夫人主动提出降低消费标准，不用金银器物。曹丕称帝之后，为卞夫人的弟弟卞秉新造一座府第，落成以后，卞氏出面宴请前来祝贺的外亲，但吃的都是一些普通的菜肴。她身边的人，平常也都是菜食粟饭，没有鱼肉。

卞夫人第三条过人之处是见识卓越，喜怒有节。卞夫人与曹操结合，抚育出三个优秀儿子：曹丕、曹彰和曹植。自曹操长子曹昂阵亡后，卞夫人的几个儿子年龄最大，势力最强，才智也颇受曹操重视和欣赏，接班人自然从这几位中产生。等曹丕被立为太子时，左右都向卞夫人表示祝贺，说："曹丕将军被立为太子，天下莫不欢喜，您应当把所有府藏财宝拿出来赏赐大家。"夫贵妻荣，母以子贵，曹丕被立为太子，作为母亲的卞夫人日后的地位可想而知。但卞夫人这时却很冷静，说："魏王只不过是因为曹丕在诸子中年龄最大，才以他作为继嗣，我只应当为对孩子的教育没有出过差错感到庆幸，哪里谈得上为此而大行赏赐呢？"左右将卞夫人这番话告诉了曹操，曹操听后很高兴，说："发怒不变仪容，欢喜不失节制，能做到这一步是很难的！"正因为卞夫人有如此难得的德性，曹操在他死前的几个月（建安二十四年七月），立卞夫人为王后，令太子曹丕及诸子以及百官前来祝贺，并将国内死刑犯减罪一等。

曹丕继魏王位后，卞后被尊为王太后。及登帝位，被尊为皇太后。明帝继位，为太皇太后。太和四年（230）五月去世，七月在高陵同曹操合葬，活了七十一岁。

历来斥责曹操好色的依据主要是他与下面几位女性发生了关系。

首先说一下杜夫人。杜夫人乃有夫之妇，是吕布部属秦宜禄的妻子。曹操、刘备将吕布围困在下邳，吕布派秦宜禄到袁术那里求救。

也许秦宜禄有某种特长，袁术留下了他，还让他娶了汉宗室之女。如此，秦宜禄的前妻杜氏留在了下邳城。关羽不知从什么地方得到这个消息，便向曹操请求让他得到这个杜氏，曹操答应了。在攻城之前，关羽又同曹操提起了这个事，曹操便起了疑心，猜想这位杜氏肯定容貌不凡，否则关羽不会一而再、再而三地向自己提出这个要求。曹操留了心，城破之后，先派人将杜氏找来，一看，果然容颜动人。于是，曹操不顾先前对关羽的承诺，将杜氏揽到了自己怀中。

这件事，《三国志·明帝纪》裴注引《献帝传》和《三国志·关羽传》裴注引《蜀记》都有大致相同的记载，可这两条史料都没有说明关羽为何要得到杜氏，以致有些人认为关羽也好色。

查对史料，此事《华阳国志》卷六《刘先主传》也有记载，其中说道："时秦宜禄为布求救于张扬，羽启公，妻无子，下城，乞纳宜禄妻。"这条史料将关羽为何向曹操乞娶杜氏的原因说清楚了，是因为其妻无子而求再娶。所以关羽才一再向曹操提出这个问题，表明他对这个问题的重视，谈不上什么好色不好色。

杜氏为曹操夺走，关羽虽没有当场与他闹翻，但毕竟心里不愉快，不愉快的结果是关羽的义弟张飞将秦宜禄杀了。《献帝传》是这样记载的：秦宜禄后来也投降了曹操，曹操以其为铚县县长。刘备逃离曹操去小沛，张飞在经过铚县时对秦说："别人都将你的老婆抢走了，你还给他效命，也太痴愚了。你还是跟我们走吧。"秦宜禄听了张飞的话，觉得有道理，真的跟张飞走了，可没走几里又反悔起来，于是，张飞一刀下去将他结果了。看样子，这位秦宜禄是一个优柔寡断、患得患失之人。

秦宜禄与杜氏生有一子，叫秦朗。他随母到了曹营，做了曹操的养子。一次，曹操宴请，秦朗在他身边。曹操对宾客说："世上人有我这样爱护养子的吗？"说明曹操待他还不错。明帝朝，秦朗历骁骑将军、给事中诸职。虽居高位，却不见政绩，性格也很软弱。龙生龙，凤生凤，遗传的作用有时是很大的。

曹操与杜氏生了两个儿子：曹林和曹衮。

再说一下尹夫人。曹操和尹夫人的事见于《魏略》。尹氏本是大将军何进的儿媳妇、玄学家何晏的母亲。曹操在做司空的时候，也就是在建安元年，娶了尹氏，并收养何晏。同为养子，与性格谨慎的秦朗相比，何晏处事无所忌惮，可曹操也很喜欢他。尹氏与曹操结合后，生了曹矩。

曹操喜欢女色，还为此闹出过乱子。前面我们讲过他南征张绣，收纳了张济的遗孀，为此引起了张绣的痛恨，进而将曹操打得大败。正因为曹操喜好女色，后人常有附会之作，典型的例子便是曹操、曹丕父子争夺甄氏之事。

曹丕的妻子甄氏，后来的文昭甄皇后，原是袁绍次子袁熙的老婆。袁熙出守幽州，将甄氏留在了邺城。建安九年，曹操攻破邺城，曹操父子争夺甄氏的闹剧便开始了。

《世说新语·惑溺篇》是这样记载的："魏甄后惠而有色，先为袁熙妻，甚获宠。曹公之屠邺也，令疾召甄，左右曰：'五官中郎已将去。'公曰：'今年破贼，正为奴。'"

这个记载是说曹操攻破邺城是冲着甄氏来的，没想到被自己的儿子抢了个先手。《三国志·后妃传》裴注引了两种说法：

一是注引《世语》："太祖下邺，文帝先入袁尚府，有妇人被发垢面，垂涕立绍妻刘后，文帝问之，刘答'是熙妻'，顾揽发髻，以巾拭面，姿貌绝伦。既过，刘谓后'不忧死矣'！遂见纳，有宠。"

一是注引《魏略》："及邺城破，绍妻及后共坐堂上。文帝入绍舍，见绍妻及后，后怖，以头伏姑膝上，绍妻两手自缚。文帝谓曰：'刘夫人云何如此？令新妇举头！'姑乃捧后令仰，文帝就视，见其颜色非凡，称叹之。太祖闻其意，遂为迎取。"

这两种记载的不同处在于曹丕与刘、甄婆媳相见的情节，相同处则是曹丕先进了袁府，惊羡甄氏的美艳，生发爱幸之心，与曹操没有什么关系。只是曹操发现儿子对甄氏有意后，肯定和支持了儿子的行为，让十八岁的曹丕娶了二十三岁的甄氏。

有学者经过细密考证认为，将甄氏与曹操搭上关系是有意污辱曹操。以曹操之睿智，既已知甄氏被儿子弄去，怎么还能如此自污；将这样大规模的用兵屠城说成是为了一个女子，更是与事实不符。

曹操刚死，曹丕便将原来侍奉曹操的宫女悉数取来享用，这种逆伦行为惹得卞太后极为光火，大骂这些家伙猪狗不如，真是该死！她不仅不再去慰问病中的曹丕，甚至连曹丕后来去世，也未露面。

萧统《文选》卷十九曹植《洛神赋》李善注引《记》说："魏东阿王汉末求甄逸女，既不遂，太祖回与五官中郎将，植殊不平，昼思夜想，废寝忘食。"接着说，后来甄后色衰，继被郭后谗死，曹丕有点后悔，他也知道曹植暗恋着甄后，便将甄后用过的玉镂金带枕送给了曹植。曹植在回藩国渡洛水时，甄后现身与他相见。曹植悲喜交集，将这件事和自己的感受记录了下来，题作《感甄赋》，后来明帝读过后觉得这个题目太直露了，便改为《洛神赋》。

对于曹植与甄氏的关系，也有不少人认为是纯属杜撰，理由是建安九年甄氏被曹丕娶来的时候，曹植不过是十三岁的孩子，即使可能对甄氏有些幻想，甄氏也不会对他有什么意思。甄后给曹丕生下儿子曹睿后，留住在邺城，因郭氏的嫉妒和谗言，黄初二年六月被曹丕迫令自杀。曹植是在黄初三年才因事到了京城洛阳，然后回到自己封地，那时甄氏尸骨已寒，倘若曹植要尊她为神，该尊她为邺城附近的漳水之神，而不是洛阳附近的洛水之神。其实，这个说法也是很牵强的。当然，一定要说曹植与甄氏发生了多大关系，那是胡说，但曹植赞赏甄氏的美貌并同情她的遭遇，则是肯定的。

不知这位甄氏是如何的美艳，竟赢得风流三曹一见失魂，继而念念不忘？

曹操好色，讲求声色之娱，历来被视为不好的品德，也与他着力提倡俭约的精神相违背。但从当时的历史看，曹操这方面的洒脱不羁，正为对两汉以来虚伪矫饰礼法的一种反抗。如果再仔细地观察，便可发现，无论是卞太后还是甄后，以及后来的郭后、毛后等等，她们的出身并不高贵，而曹家并不以她们的地位卑贱为嫌，只要觉得合适，便让她们延入宫中，为昭仪，为夫人，为皇后。有人为这种现象给了一个说法，叫"立贱"。明帝初娶虞氏时，虞氏就说过："曹氏自好立贱。"东晋史家孙盛归纳道："魏自武王，暨于烈祖，三后之升，起自幽贱。"

　　这个"立贱"的先例是曹操开的，看起来是一时的率性而为，实则隐藏着一个政治观念，那就是对东汉以来外戚势力坐大而干政的一种纠正和预防。

第二十一章

才智盈门

曹操共有二十五个儿子，女儿的数字不清楚，估计怎么也有十来个。这二十五个儿子是十三位女性生的，其中下夫人生的最多，生了曹丕、曹彰、曹植、曹熊四个儿子，不过曹熊很小就死了。

二十五个儿子之中，死在曹操之前的有十三个，去了一多半。这十三个儿子中，除曹昂阵亡外，大部分是生病而夭折的。

明朝人胡应麟在《诗薮·外编》中说："通计魏武诸子二十五人，知名者六：丕、彰、植、彪、冲、衮。彰之力，植之才，冲之智，皆古今绝出，咸萃一门，自书契来未有也。"

胡应麟说的没错，曹操这几个儿子确实是非常优秀的。我们现在就说说其中的几位。

先说曹冲。要问二十五个儿子当中，曹操最喜爱的是哪一位？不用说，那就是曹冲。曹冲智力过人，能打入中国古代神童的排行榜。曹操诡谲，自然才智不凡。英雄相惜，智人互怜，何况还是自己的儿子。

曹冲称象为历来少儿启智的著名例子之一。史学家陈寅恪先生认为这件事靠不住（妄饰），理由是画舟称象为印度的佛经故事，北魏时期才出现汉文译本，曹冲则是东汉末人。

陈先生博学，慧眼独具。但他在这件事上的观点还是可以讨论的。一是画舟称象一事为佛教文献《杂宝藏经》所记虽然不假，但所说这一故事汉末时已口耳相传于中土。二是画舟称象放在宫中小儿身上，固然可以显示出他的智慧超群，而在日常生产生活中未必是不可思量的事。战国时，燕昭王命水官浮大豕而称量之例，说明这种称量方法未必一定先出于印度。第三，即便是称象之举是受到佛教故事的启发，曹冲也应属于早慧之列，活学活用，举一反三，孺子可教矣。

曹冲在历史上得人缘，不仅仅由于他的早慧，更主要的是因为他的心肠好。当时天下纷扰，用刑苛急。某日，曹操的马鞍在仓库里被老鼠咬坏，库吏害怕了，担心被处死，琢磨着反缚双手去自首，仍惧怕不能免去死罪。这件事让曹冲知道了。他对库吏说："你先躲起来，三天后自首也不迟。"三天之后，曹冲拿刀子刺破自己身上的单衣，如同被老鼠咬破。面露愁容，一副失意的样子。曹操看见了，忙问缘故。曹冲说："民间相传，老鼠咬衣，主人不吉。现在我的单衣被老鼠咬成这个样子，怕是有不祥的事要发生，所以我心里很难受。"曹操劝慰道："那些话是胡诌骗人的，我儿不要相信，更不要为之苦恼。"不一会儿，库吏进门向曹操报告，可恶的老鼠咬破了马鞍，请求治罪。曹操大笑："我儿身边的衣服尚且要被老鼠咬坏，何况挂在柱子上的马鞍呢？"一点也没有责备。

曹冲以他仁爱的心肠和通达的识见，先后明里暗中帮助了几十个人，让他们渡过了难关。曹操在大臣面前好几次夸赞曹冲的才智和仁德，有意把王位传给他。可惜的是，天妒其才，曹冲十三岁的时候就病死了。得病的时候，曹操非常着急，祈求上天保全曹冲的生命。曹冲死后，曹操异常悲痛，他听说甄家也新死了一个女儿，便向甄家提亲，让甄氏亡女与曹冲合葬，同时命宛侯曹据的儿子曹琮做曹冲的后代。

对于鬼魂之事，曹操向来是不大相信的，却让曹冲亡魂与甄家女亡魂相配，由此可见曹操与曹冲的父子情深。后来，每当言及曹冲，曹操都要痛哭流涕。

再说曹衮。曹衮是杜夫人的小儿子。在曹操的儿子群中，曹衮的特点是喜读书、性俭朴以及处事谨慎。曹衮死于青龙三年（235），活了三十几岁，临死之前对他的儿子说过这样一句话："与其守宠罹祸，不若贫贱全身。"表明尚俭和谨慎这两大品行是曹衮修为而成，并不是天生所致。

曹衮好学，颇有才性，十几岁时就能拿得出一手好文字。他读书很勤奋，左右侍从常常担心他用心过度而致病，屡次劝他适当休息，可他就是做不到，一拿起书就放不下来，真是一位好学的孩子。即使几位兄弟聚在一起郊游欢娱，他虽然手不持简册，却也默诵经典。在吃喝无忧的环境下，读书思考倒是真成了曹衮生存的第一需要。

曹丕建魏国后，曹衮晋爵为公，左右属下都向他称喜道贺，曹衮却说："我自幼长在宫中，不知稼穑的艰难，有很多骄傲放荡的过失行为。诸位既称贺我的喜事，也应当帮助我改掉这些过失。"曹衮这些贤明之德自然让属下感佩不已，他们商量着要一同给朝廷上表，称颂曹衮美好的品行。曹衮知道后惊恐异常，责备道："坚持操守，提高修养，这是一般人的所为，不值得炫耀。而你们将此报告给皇上，只会增加我的负担。况且如果我真的有什么善言善行，何必担心别人不知道。你们现在急急忙忙地上报，对我来说实在没什么好处。"如此看来，曹衮是个明白人，他这样做一方面是出于谨慎，另一方面表明他对他那位哥哥皇帝有着不一般的了解。

当然，到了该上表的时候就一定要上，这一点曹衮是明白的。魏文帝黄初三年，传言黄龙出现在邺城西边的漳水中，曹衮立马上书赞颂皇帝的功德。这一举动带来了很好的效果。皇帝不仅赐给他黄金十斤，还下诏褒扬他的品德，希望他保持恭谨，光大德惠，把他的好名声保持到底。

就是这么一个谨慎的人，也有犯迷糊的时候。明帝继位之后，曹衮无诏进京，触犯了京师的禁令。虽然有人为他求情，但还是遭到削减封邑的处罚。在这之后，曹衮除了谨慎，还多了一份恐惧。长久的压抑使他的身体异常糟糕，终于一病不起。临死之前他对儿子一再告诫：忠贞奉朝，孝敬事亲；奢侈败德，俭约全身。

曹衮的所言所行令曹丕父子非常满意，所以盖棺论定之时不惜好言，称赞曹衮乃是当今的君子。其实，就曹衮一生而言，他是一位用圣德包裹起来的胆小怕事之人。

再谈曹丕、曹彰、曹植三人。将他们放在一起谈，一是他们是一母所生，二是他们三人涉及曹操的立嗣问题，放在一起容易谈清楚。

曹丕是曹操的次子，又是卞夫人的大儿子，生于东汉中平四年；曹彰的生年不详，但长于曹植，曹植生于东汉初平三年，比曹丕小五岁。

虽然戎马倥偬，日理万机，曹操对儿子们的培养却是非常重视的，所以曹丕和他的兄弟们都受到了良好的教育。教育的内容很广泛，但主要是骑射和典籍。所以，这三兄弟文的、武的都能拿得起，所不同的是各有偏好而已。

就文而言，三兄弟中无疑算曹植最好，十岁多时就能背诵讲解《诗经》《论语》及辞赋数十万字，擅长写作。而曹彰这方面表现得最弱，他好像是一看书就头疼的主儿。

在武的方面，曹彰最好，自小就喜好射箭、驾车，臂力过人，敢徒手与猛兽搏斗，不避危险。几次随军征战，意气昂扬。曹操曾经批评他："你不惦记着读书，修习圣贤之道，却喜欢舞枪弄棒，骑马击剑，长大后也只是一介武夫而已，没什么可以称道的。"督促他把精力放在读书上面。曹彰对父亲的这番话不以为然，他对左右说："大丈夫就应当像卫青、霍去病那样，率领十万骑兵驰骋大漠，驱逐戎狄，立功扬名，怎么能做专精一艺的博士呢？"

看得出来，曹彰的不喜读书主要是他有他自己的志向和爱好。曹操问曹彰长大后想干什么，曹彰说："想当将帅。"曹操又问："如何做将帅？"曹彰答："披坚甲，握利器，面对危难不顾自己，身先士卒，有功必赏，有罪必罚。"曹操听完，哈哈大笑，说明他很欣赏这个爽直的儿子。

曹植呢？在人们心中他一直是个多愁善感、手无缚鸡之力的纤弱文士，其实他也有建功立业的雄心。他曾跟随曹操南征北战，受过战场搏杀的熏陶。曹仁被关羽围攻，曹操以曹植为南中郎将，代理征虏将军，曾考虑派他去营救。没有两下子，曹操会这样做？当然，曹植的武功既不能与曹彰相比，更不能与自己的文事特长相比。

文武两方面比较平衡的是曹丕，书读得好，文章写得不错，打仗也行，是一个全面发展的人。有人曾说，无论古今，做事的技巧是，最好只走半步：早半步或晚半步。早半步可得风气之先，晚半步不冒无谓的风险。但不能早一步或晚一步。早一步成为被枪打的出头鸟，晚一步就是别人牵牛你拔桩；早一步花还没开，晚一步瓜已落去。半步则不同，早半步嫩蕊初露，晚半步瓜熟蒂落。如何能做到这一点，就得要靠全面发展，不求某一些方面特别好，只求各个方面都能拿得起来，拿得像样。这些话虽然俗气和圆滑，但是很管用，尤其是处在讲究利害的环境中。曹丕武的方面比不过曹彰，文的方面比不过曹植，但曹彰和曹植最终却为曹丕所制。

前面说过，曹操最喜欢的儿子是天才曹冲。曹冲死的时候，曹操过于哀伤，曹丕上去劝慰，不料曹操说了一句令曹丕非常尴尬的话："冲儿离去，是我的不幸，却是你们的大幸！"这句话的意思很明白：曹冲若是健康地活着，将来继承父业的是他，不是你们；现在他死了，你们的机会到了！

家天下的社会，继承人的问题总是麻烦事，小到家庭，大至国家，很少有人能将这个问题处理得和风细雨而不是血雨腥风。择立继嗣既是曹操的家事，也是建安后期政治中的重大事件。长子战死，爱子病逝，曹操立嗣未必遵循着嫡长制的古老原则，可活着的儿子中，有才有势的还就是曹丕、曹彰、曹植这三位，因此，曹操好像也只能在这三人中选择一个。

我们先看曹彰。建安二十三年，乌桓反叛，曹操以曹彰为北中郎将，代理骁骑将军，率兵北征。临出发时，曹操告诫曹彰："在家里我们是父子，可接受国家命令就是君臣了，一举一动得按王法行事，你可要注意这一点！"

曹彰率军至涿郡境内，叛军几千骑兵突然杀到。当时兵马尚未集结，只有步兵千人，骑兵数百。曹彰接受部下的建议，坚守要塞，不与敌人正面交锋。待敌军退却，曹彰追击，手持弓箭，应弦而倒者前后相连。战斗半天多，曹彰的铠甲中了数箭，可他更加威猛，继续追赶败逃之敌。追到桑干河时，长吏和众将都认为不能再追了，一是士兵马匹劳累困顿，二是再追便违背了不得越过代郡的军令。曹彰却说："带兵打仗，关键在于取胜，怎么有利怎么打，不能拘泥原有的计划。敌人尚未跑远，追上去就能消灭他们。遵守命令却放走了敌人，不是良将所为。"他命令部队："落后者斩！"一天一夜之后他们追上敌军，斩首及俘获敌兵数以千计。当时鲜卑贵族轲比能率领几万人马在远处观战，看到曹军作战勇敢，所向披靡，于是请求归顺。

应该说曹彰是一位不错的将帅，他也是以这个目标要求自己的。

北征大捷，曹彰高兴，曹操欢喜，曹丕的心情就很复杂了。当时曹操在长安，为对付刘备，召曹彰前往。曹彰自代郡还，经过邺城，见到曹丕。曹丕说："你刚立功，现在西行面见父王，一定不要自夸，要多说自己的不足之处。"曹彰到了长安后，按照曹丕的说法去做，将功劳归于众将。曹操非常高兴，亲切地扯着曹彰的黄胡须说："黄须小儿竟如此的出人意料！"曹操的这句话实际上有两重意思：一是北征大捷，鲜卑诸族归顺，这个好的结果是出于曹操预料的，他原定的计划则是平定叛乱就可以了；二是曹彰素来爽直，口无遮拦，现在却拐着弯子说话，不把功劳全揽在自己身上，眼中有人，这是心胸扩大的表现。曹彰有如此进步，曹操当然高兴。

如果这样分析不错的话，曹丕对曹彰所说的那句话就耐人寻味了，不让曹彰居功自傲，看似好意，实际上可能是泯灭其功劳，尽量消减他的影响。

从曹操的方面说，他从未把曹彰作为继承人考虑，但不等于说曹彰对立嗣问题没有自己的想法。有两件事颇能说明问题。

第一件事是在曹操病危的时候。据史书载，曹操病危，急召尚在长安的曹彰。曹彰还没有到达，曹操就死去了。曹操为何急召曹彰？

是觉得自己要死了，临死前想见他一面？还是担心手握兵权的曹彰会给太子继位带来麻烦？曹彰自己也不清楚。回到洛阳后见到曹植，他对曹植说："先王召我回来，是想让你继承王位。"这自然是曹彰的个人推想，当时的曹植已十分清楚自己的处境，急忙说："不可胡说，你忘了袁家兄弟的教训吗！"

第二件事是曹操死后，丧事由贾逵主持料理。曹彰问贾逵，先王的印玺放在什么地方，贾逵严厉地说："太子在邺城，国家已有了储君，至于先王的印玺在何处，不是君侯所应该问的。"印玺是权力的象征，曹彰如此发问，他到底在想些什么呢？

从这两件事我们明显地感觉出来，曹彰是不希望曹丕继承王位的。

在曹丕即王位乃至建魏之后，曹彰采取了不合作的态度。据《魏略》记载：曹彰认为自己的才能连先王都承认，自家兄弟继位之后，理当重用，起码应量才使用。可是在处理好曹操的丧事之后，魏王曹丕令曹彰及其他兄弟各回封国。曹彰非常不高兴，"不待遣而去"。不久，他以自己的封地鄢陵地瘦民贫为由，求治中牟。曹丕答应了他的要求，改封他为中牟王。以后，每当曹丕及其他诸侯行经中牟的时候，"每畏彰之刚严"，都是快速通过，不敢打扰。

曹彰的意气用事不仅给他自己带来了不可挽回的后果，也间接影响了其他兄弟们将来的命运。《世说新语·尤悔篇》说：魏文帝曹丕忌惮曹彰的骁勇，就趁在卞太后房中下棋一同吃枣的机会，把毒药暗放在枣中。他自己挑选可以吃的来吃。曹彰不知道，就把有毒药的和没有毒药的混杂着吃了。中毒之后，卞太后找水来救他。曹丕预先命令侍从把瓶瓶罐罐都捣碎了，卞太后急忙赤脚来到井边，却没有器具可以汲水。一会儿，曹彰死了。后来，文帝还想害死曹植，卞太后说："你已经害死了我的彰儿，不许再杀我的植儿了！"这则记载可能有些问题，但当时的大多数人相信曹彰是被曹丕害死的。

其实立嗣问题一直在围绕着曹丕、曹植两个人而展开，这是主线，其余的都是插曲。

曹操不太喜欢曹丕，但曹丕对父亲却是尊敬、崇拜进而模仿的。在曹丕的著作《典论》自叙中，曹丕就将自己的好学归之于对曹操的仿效。从曹丕留下的文字来看，我们得承认曹丕在少年时的确下了苦功，读了不少书，后来又多次随父征战。

建安十六年，是曹丕人生道路上的重要一年。这年春正月，曹丕为五官中郎将，"置官属，为丞相副"。曹操让曹丕担当此任，并为其置官属，宣布为"丞相副"，实际就是将他放在自己助手的位置上。

这年七月，曹操西征马超等关中诸将，曹植从征，曹丕留守邺城，以程昱参军事。

这样的政治地位是当时的曹植等人无法比拟的。

不久，情况有了变化，曹植开始受到曹操的信任。从时间上算，大概是建安十七年春。

据《三国志·曹植传》记载，曹植文思敏捷，才华过人，曹操初读他的文章，觉得写得太好了，竟怀疑是请人代作，曹植连忙跪下回答：我言出为论，下笔成章，如若不信，可当场面试，怎么会是请人代作呢？"时邺铜爵台新成，太祖悉将诸子登台，使各为赋。植援笔立成，可观，太祖甚异之。"

至十八年五月曹操晋爵魏公，魏国建立，并没有立即确立太子，说明曹操在曹丕、曹植之间已有所计较。

建安十九年，曹植徙封为临菑侯，曹操择立曹植的意图十分明显了。据本传记载："太祖征伐孙权时，派曹植留守邺，告诫他说：我从前做顿邱县令时，年仅二十三岁。回想当时做的事，至今无所悔恨。现在你也是二十三岁了，能不努力吗？"古时诸侯出征，则太子监国，曹操留曹植守邺，其意义隐含古制，而出征前对曹植的勉励之语，更是意味深长。

在此之前，留守邺城通常是由曹丕充任的。此时角色的互换表明曹操已将立嗣的方向放在了曹植身上，或者说曹操也给了曹植的机会，看他们兄弟俩哪一个更能有效地把握。

从建安十九年七月的曹植留守邺城到二十二年十月曹丕被立为太子，前后三年又三个月。在这一千天的日子里，围绕着立嗣问题，曹丕、曹植及其各党羽的工作十分辛苦，斗争异常激烈，这是一段很长很长的故事，我就不加细说了。我这里想说的就是两句话：一是在立嗣问题上，曹丕是最后的赢家，曹植输了，从而过上了不堪的日子。二是生在帝王之家，立嗣的过程就是生命搏杀的过程，就当事人而言，不能不全力以赴，乃至于不择手段。

我们还是将话题转移到曹操自身上来。

毛泽东主席在他著名的诗篇《沁园春·雪》中吟道："……秦皇汉武，略输文采；唐宗宋祖，稍逊风骚。"曹操是既不输"文采"，也不逊"风骚"的，在中国古代的政治家和军事家中，曹操是罕见的多面手，其才华令后人赞叹不已。那么，曹操才艺的具体表现又是如何呢？

第二十二章

多才多艺

厌倦了鼓角争鸣，看淡了风花雪月。英雄气足，儿女情长。无论是粗粮还是细面，曹操都能咽得下，吃得香，还消化得好。这些方面，你不能不佩服他！

曹操的诗写得好，文章也写得绝佳。鲁迅先生说曹操是改革文章的祖师，是建安文学的缔造者。

确实，在中国文学史上，建安文学颇有一些特色。"蓬莱文章建安骨，中间小谢又清发。俱怀逸兴壮思飞，欲上青天揽明月。"连诗仙李白都在遥想、感叹那段壮怀激烈的光辉岁月。政治理想的高扬、人生短暂的哀叹、极力张扬的个性、慷慨悲凉的色彩，透露出文学自觉时代的到来。

曹操在建安文学中的地位是特殊的。他之所以能成为建安文学的领军人物，与其说是地位与权势所带来的一批文人学士的簇拥，还不如说是由他本人的文学天赋和历练所造就。权势和学术是存有天然隔膜的。

曹操文情浓郁，文采勃发，上马沙场驰骋，下马运笔成章。史载："（曹操）御军三十余年，手不舍书，昼则讲武策，夜则思经传，登高必赋，及造新诗，被之管弦，皆成乐章。"（《三国志·魏书·武帝纪》，裴松之注引《魏书》）在戎马倥偬之际赋诗寄情、歌以咏志，已经成为曹操生活中不可或缺的一部分，奔流在他的血液之中。

曹操生活在战争频繁的岁月。作为一位军事家，要赢得战争，战火中熏出来的作战经验固然重要，更重要的是在总结既往的经验基础上创造出自己独特的战争理论。

在这方面，曹操做得相当好。他一方面亲戎武事，另一方面还笔耕不辍，撰著了大量的兵法著作。根据史书记载，曹操的军事著作有：《兵法接要》《〈孙子兵法〉注》《〈孙子兵法〉集解》《〈太公阴谋〉

解》《续〈孙子兵法〉》《兵书接要》《兵书略要》等等。

可惜的是，曹操的这些军事著作，绝大部分都随着时间的流逝而湮灭了。现今保留最为完整的著作是曹操的《〈孙子兵法〉注》。

《孙子兵法》，是我国现存最早的兵书，也是世界上最早的兵书，在中外军事学术史上占据着极为重要的地位，享有"兵学圣典"之誉，被置于五经七书之首。《孙子兵法》自问世之后，对其注释解说的人少见，因为一般文人没有这个本事，再加上流传中的错讹和妄说，这部圣典的面貌有了改变，其精神原汁在不断丧失。有鉴于此，曹操取其精粹，对它进行删订和注解，还原了《孙子兵法》十三篇的体例，成为我国古代对《孙子兵法》进行系统整理和注解的第一人。曹操此举，对后来的众多注家和日益广泛深入的《孙子兵法》研究产生了重大影响。《孙子兵法》得以保存和流传，曹操是有功的。

曹操在为《孙子兵法》作注的过程中，贯注了自己的军事思想，特别是对孙武的某些军事原则作了发挥和补充。在序言中，曹操明确地指出战争与国家兴亡的关系：只知道穷兵黩武而不体恤国民，是要亡国的；只注重仁义道德而不做好战争的准备，也是要完蛋的。

曹操说，有了足够的武装储备，也不能轻易发动战争，更不能因为君王和将帅个人的喜怒爱好而妄动。战争是不得已之事，必须师出有名，为义而战，为苍生而战。万一用兵，应"顺天行诛，因阴阳四射之制"，也就是要考虑四季的变化和昼夜的冷暖，"冬夏不兴师，所以兼爱民也"。

关于作战的补给问题，曹操提出了著名的"因粮于敌"策略，即从敌方就地解决粮草补给。这样，不仅可以减轻国内的负担，也可以避免长途运输给百姓带来的沉重劳役负担。

曹操的这种思想，已经不仅仅限于军事一隅了，而是涉及军事、政治、经济以及国计民生等问题。人们都说，一定的军事思想总是从属于一定的政治思想，杰出的军事家往往同时又是一位优秀的政治家。曹操在这里所表现的通达和高瞻远瞩，证明了他作为一个军事家和政治家，绝非浪得虚名，而是货真价实。

除了懂军事、工诗善文之外，曹操还是一个多才多艺的人。

首先，曹操武艺高强。

年少时，曹操的力气大得惊人，可以引弓射鸟，还可以生擒猛兽，曾经在南皮这个地方一天射下六十三只野鸡。手脚利索，胆子就大。在讨伐董卓时，曹操力量弱小，士兵发动叛乱，烧毁了他的营帐，意图加害于他，曹操沉着应战，持剑杀掉数十个叛军，其他人一看情势不好，纷纷溃退。

其次，曹操擅长书法。

据张华《博物志》载，曹操草书写得很好，仅次于东汉末年的书法名家崔瑗、崔寔父子和张芝、张昶兄弟。张芝，有"草圣"之称。张芝练字相当刻苦，他在池塘旁边一面练字一面涮笔，竟然将池塘里的水染黑了。虽然曹操的草书比起张芝等人的书法来稍逊一筹，但既然可以和书法大家相提并论，那也是极高的层次了。唐人张怀瓘有书法评论著作《书断》，把书法分作神、妙、能三品，曹操的书法被列入妙品中的"章草八人"之一，评语是："尤工章草，雄逸绝伦"。

除草书外，曹操对于隶书也是擅长的。在今陕西汉中褒谷中的褒河山崖，原有"衮雪"石刻。相传曹操西征汉中经过此地时，看到褒河水流湍急，冲击河内乱石，喷沫飞溅如雪团之状，便题写了"衮雪"二字，刻在崖旁。这两个字便是隶书，遒劲挺拔，笔势浑厚。清人罗秀书见此字后叹道："昔人比魏武为狮子，言其性好动也。今见其书如此，如见其人矣！"

围绕这两个字有一段传说：建安二十四年夏，曹操率大军经过褒水，惊奇于此地的绝妙景致，一时书兴大发，题写了"衮雪"二字。属下一面对曹操的书法赞叹不已，一面心怀疑惑。一人壮着胆子发问："魏王的书法果然奇妙，可是这衮字为何缺水？"曹操听后哈哈大笑，用手指着滚滚的褒水，言道："衮在水边，何以缺水？"

此碑现藏于汉中博物馆。

曹操的书迹到南宋时还有流传，大儒朱熹说他曾经临过曹操的书帖。在这以后，曹操的字便渐渐散失了，流传下来的非常稀少，除了上面的"衮雪"二字，《行草大字典》仅录有曹操的草书"来""出""写""曹""短"等字。

曹操因喜欢书法，便结交了不少书法人才。蔡邕、钟繇、韦诞、邯郸淳、张芝、张昶等人，都与曹操关系很好，曾先后在一起研究过书艺。对待政府部门的官员，曹操除了职事的规定外，还对他们的书法提出严格的要求，下行上达的文书，字写得不好，有关人员要受到处分。他给的理由很特别："牵牛不可以服箱。"意思是牵牛星虽然也叫牛，但不能拉车，名不副实。也就是说，起草立意之人不能把字写好，也是名不副实，如此只好干别的活。

曹操如此喜爱书法，也影响到他的后代，据说曹植的字就写得非常好。

第三，曹操精通音乐。

在古代，诗歌、曲调一般是不分的，诗歌写成，马上吟唱。所以，能写诗的人对音律也有较深的理解。张华《博物志》说，曹操的音乐水平与桓谭、蔡邕在一个档次上。桓谭是东汉著名的哲学家和经学家，父亲曾任太乐令，桓谭本人也精于音律；蔡邕是东汉著名的文学家和音乐家，他有很高的音乐天赋，可以从一个人的音乐里判断出这个人是高兴还是愤怒。他还制作了著名的"焦尾琴"。桓谭和蔡邕精通音律，琴弹得很好，在东汉名声很大，曹操可以与他们相匹敌，实在是了不得。

汉魏时代的音乐，有雅乐与俗乐之分。雅乐是祭祀朝会所用的音乐，比较庄重正式，并配有一套标准的礼仪；俗乐则是朝野世俗都可以欣赏的音乐，比较自由，简单明了。与《诗经》相比照，雅乐就相当于《诗经》中的大雅与颂，而俗乐就相当于《诗经》中的国风与小雅。

虽然曹操对雅乐非常重视，但他最喜爱的还是俗乐。因为俗乐形式多样，不受规则限定，还可以自由地抒发感情。与雅乐的一板一眼相比，俗乐给人的吸引力更大。曹操喜爱音乐，经常是歌女在旁，吹吟弹唱直至通宵达旦。铜雀台建成后，曹操令置鼓乐声器，常在台上欣赏音乐歌舞。建安二十五年，病重的曹操自知活不长久了，遗令要求薄葬。但他念念不忘那些歌舞艺人，要求将他们安置在铜雀台上，好好照顾，在台上安放一张六尺长的床，挂上灵幔，每逢初一、十五，让这些艺人向着灵床歌舞。曹操对音乐的钟情可谓至死不渝。

曹操对音乐名家是非常看重的。像阮瑀、杜夔等精通音律的人才，都受到曹操的器重。阮瑀是建安七子之一，曾受学于音乐名家蔡邕，弹得一手好琴。一次，曹操招待宾客，因为阮瑀没有主动与他说话，所以曹操非常生气，安排阮瑀与地位比较低的技人在一起。这时，阮瑀鼓琴而歌，声音优美动听，震惊四座，曹操闻之大悦，一切不快都抛到了脑后。杜夔汉末避乱荆州，曹操平荆州而得杜夔，很欣赏他的音乐才能，让他创制雅乐，搜集乐曲，制作乐器，为经战乱后的音乐保存作出了贡献。

曹操对音乐的爱好及其所作所为，使他成为中国音乐史上有影响的人物。一方面，由于配乐演唱的需要，曹操俗乐歌辞的大量创制，使乐辞的体裁和内容更多地接近民众和社会；另一方面，曹操所开创的铜雀相和三调（平、清、瑟）成为魏晋南北朝时期音乐的主流，南朝盛极一时的清商曲与辞便是从铜雀艺人开始的。

第四，曹操巧于建造。据裴注引《魏书》，曹操对建筑工艺、器械制作也颇在行，"及造作宫室，缮治器械，无不为之法则，皆尽其意"。建安十五年铜雀台的建造是一个大型工程，曹操不仅领导了工程建造，肯定还参与了具体的设计。铜雀台建成之后，曹操让曹丕、曹植兄弟赋诗纪念，曹丕、曹植各写一《登台赋》。曹植的赋情景交融，寓意深切；曹丕的赋极力描写建筑的雄伟，兄弟二人各有特色。铜雀台是曹操建筑艺术的代表作。

另外，曹操还规划过金虎、冰井二台和洛阳建始殿的建造。据《水经注》记载，金虎台又叫金凤台，在铜雀台南，高八丈，建安十八年建成；冰井台在铜雀台北，也是八丈高，建安十九年建成。

第五，曹操精于养生。在曹操身边，聚集了像左慈、华佗、甘始等一大批医生和方士，他们都有养身健体的方法，曹操对此很有兴趣。他们中的一些人拥有许多稀奇古怪的本事，让人听起来如同听神话一般，如左慈与松江鲈鱼的故事。这些东西，我们现在还不能讲清楚，但有一点是肯定的，即这些人所掌握的一些方术，不少方面是有价值的，比如通过服食来治病、利用体操活动锻炼身体等。曹操向这些人学习过养生的方法，很积极地探究延年益寿的途径。

依葛洪《神仙传》记载，曹操曾向养生家封君达咨询过养生要点。封说："体欲常劳，食欲常少。劳勿过极，少勿过虚。去肥浓，节酸咸，减思虑，损喜怒，除驱逐，慎房事。"从曹操的生活方式来看，他很难完全达到封君达所说的几点，但他平日里多少注意自己身体的保养。这一点比那位鞠躬尽瘁死而后已、早起晚睡的诸葛丞相要理智得多。

《广志》说曹操常以辽东红高粱熬成稀粥喝，并发明一套喝粥祛病的方法。对此，《遗令》有具体的说法：至半夜若感觉不适，天亮喝热粥取汗，汗出之后，再进以当归汤。除了当归汤之外，曹操经常吃些野葛，以退热解毒，还常饮少量的鸩酒，这也许是为了增强身体的抵抗力。他虽然没有像秦皇汉武那样痴迷长生不老，但对"神药"也有些向往，他的诗文中有这方面的情绪流露："上到天之门，来赐神之药。""思得神药，万岁为期。"

也许是出于养生的需要，曹操钻研过饮食，撰写过《四时食制》一文，根据各书辑录来看，这个食制全是鱼类，讲述了鱼的产地、形状、颜色、用途乃至吃法等，非常具体细微。其中有些鱼类曹操未必亲口尝过，而是据他人见闻整理而成，但表明他对这个问题是非常关注的。

除上述之外，曹操精通的技能还有一些，如他的围棋水平可以与王九真、郭凯等当时围棋好手并驾齐驱；他把谯县县令郭芝的酿酒方法加以改进，酿造出了"九酝酒"；他还会打铁锻剑，巧出字谜，甚至还会"蹴鞠"。一位叫孙叔材的人以善蹴闻名，曹操将他留在了身边。

真是一位了不得的人物！你可以说曹操的政治立场有问题，你也可以说曹操的战略战术有问题，但你不能否认曹操是一个多才多艺的人。

不过，对于政治家和军事家而言，才和艺毕竟是次要的方面。他在历史上的地位还是要看他的政治立场和政治业绩。那么，千百年来，人们又是怎样看待曹操这个人物的呢？

第二十三章

千秋评说

复杂丰富的人生经历，多重鲜明的性格作风，数个领域的杰出建树——曹操赢得时人的高度关注和后人历久不衰的评论是很自然的。从政的人忘不了他，打仗的人忘不了他，文人墨客忘不了他，连普通百姓也忘不了他。多少年以来，无论是天下纷乱还是太平盛世，人们总是怀着复杂的心情谈论着曹操，或赞赏，或崇拜，或谴责，或讥讽。这种情况，即使是秦皇汉武、唐宗宋祖也是无法与之比拟的。中国历史上既享受着荣耀又承受着唾沫的几个人物，曹操是其中一位。

　　曹操尚未真正出道，就有人议论他了，而且议论他的人是当时几位响当当的人物，如梁国桥玄、南阳何颙和汝南许劭。这一方面得之于后汉特有的臧否人物之风，另一方面也是曹操从小便拥有着突出的个性和不凡的志向。这些内容前面已经说过了，不再重复。

　　需要强调的是，总体来看，曹操的才能在当时的名士群中是得到肯定的。曹操之所以汲汲于名士对他的评价，主要是自卑心在作祟，他是想通过别人的眼睛来判断或验证自身的潜能。有自卑感并不是坏事，自卑感是卓越之人的灵魂疾病，换句话说，没有自卑感的人也就不可能成为卓越的人。

　　随着事功的加大，曹操赢得的称赞和谩骂也越来越多。谩骂多来自他的政敌，称赞则出于他的臣僚，当然他的对手中也有一些人是肯定曹操的。

　　不用说，臣僚们是积极拥戴曹操的。假如说郭嘉对曹操所言"真吾主也"是一句充满个人情感色彩的话，那么，荀彧将曹操与袁绍相比，证明曹操是名副其实的当代强者则是理性的：袁绍外示宽厚而内心忌刻，用人而不加信任；曹操胸襟豁达，任人唯才各得其宜，这在气度上曹操胜过袁绍了。袁绍优柔寡断，屡失先机；曹操遇事果决，据势应对，在谋略上曹操又胜过袁绍一筹了。袁绍统军宽柔悠缓，法令威权不能确立，士卒虽众却很难使用；曹操法令明确，赏罚分明，士卒虽少却斗志昂扬，在武备上曹操也不比袁绍差。袁绍凭借祖先资历，悠闲矫饰，沽名钓誉，那些喜好自炫却缺乏真实能力的士人顺风归向；曹操以诚心和仁德待人，不为虚饰之事，自己谨慎而俭朴，对有功之人却不吝啬，所以能得到众多忠诚正直又注重实效之人的帮助和支持，在德这个层面上，曹操也比袁绍要好。有此"四胜"，袁绍焉能不败？

荀彧对曹操的认识是深刻而准确的，代表着大批文武臣僚包括旁观者对曹操的看法。

建安十八年，汉献帝策命曹操为魏公，诏书在备述曹操十数项功绩之后写道："您有平定天下的功勋，又有高尚的德行，整顿天下秩序，改善风俗，施行教化广泛而勤勉，量刑定罪小心又谨慎，官吏不行苛政，百姓没有狡诈之心。您厚重而真诚地对待皇帝宗族，上表使绝代的王族得到继承，对于过去功高德厚之人没有忘记，都给了合理的安排。虽然伊尹的功德感动上天，周公的政绩光被四海，可与您相比，那就不如了。"

曹操的功绩和德行超过了古代贤相伊尹和周公，御史大夫郗虑宣读的这份诏书就是这样写的。

过了三年，曹操受封魏王。诏书的调子又向上提升了一步，在"忠侔伊、周"的基础上，又说曹操"勤过稷、禹"。伊、周固然功勋卓越，但毕竟是人臣，而后稷和大禹，那是什么人？诏书将曹操与他们相提并论。

建安十八年的诏书是尚书左丞潘勖起草的，二十一年的诏书的起草者史书不载，大概还是曹操的臣僚。这两封诏书也许不能算作汉献帝的意见，却可以当作曹操臣僚的意见。

这两封诏书，无论是委托者、起草者，还是宣读者和听众，感觉都会有些怪怪的。形势所迫，这样的说和做也是没有办法的事，醉翁之意不在酒啊。不过，就曹操而言，那时候诏书里说多少好话都没有多大意义了。

曹操在世时已经承受不少唾沫了。最早朝曹操身上大吐唾沫的是他的老朋友袁绍的臣僚陈琳。陈琳为建安七子之一，才气过人，以章表书檄闻名于当时。建安五年，他替袁绍起草了讨曹檄，从文章的角度而言，陈琳这篇檄文铺张扬厉，气势逼人，引古论今，酣畅淋漓，颇有战国时期纵横家之风。而从当时的现实看，陈琳实在是骂人太过，那时候曹操执政不满五年，还处在各大势力的挤压和胁迫之中，各项举措尚小心谨慎，远不是陈琳文中所称的无道和凶残。再者，从文章中我们觉得陈琳的口德实在不好，为了制造舆论和煽动仇恨，他可以将曹操骂得狗血喷头，可以把他说得一无是处，可他将曹氏祖孙三代捆在一起骂，实在是过分了。这一点，哪怕是再有胸襟的人，也是容忍不下的。袁氏败亡之后，陈琳归附曹操，曹操对他说："你过去替袁绍写信骂我，列举种种不实罪状也就算了，可你为什么要骂及我的父亲和祖父？"不知当时的陈琳是何种心情。

袁绍之后，对曹操骂得最凶的是刘备。从史籍记载来看，刘备集中火力抨击曹操有两次。第一次是他为部下拥戴为汉中王之时，在向汉献帝的奏章中历数曹操罪状；第二次是他告天称帝的时候，那时曹操已经死去。很明显，刘备借咒骂曹操来申明他称王为帝的理由。

无论是刘备所言曹操"包藏祸心，篡盗已显"，还是周瑜所言曹操"虽托名汉相，其实为汉贼"，巴蜀和东吴方面主要是对曹操的政治野心极为不满。对待这一点，曹操的态度与其说生气和计较，倒不如说有些得意和坦然，"设使国家无有孤，不知当几人称帝，几人称王"。意思是说，假如没有我曹操纵横驰骋，汉家天下早就不存在了，擅权称王又是什么了不得的事！

汉家气数已尽，大家都想做皇帝，因此少不了你骂我是贼，我说你是盗。抛开这一层，巴蜀和东吴方面还是很赞赏曹操的杰出才能。刘备在诸葛亮面前数次提到曹操才能过人。诸葛亮本人不仅在《隆中对》中赞叹曹操在官渡之战中以少胜多"非惟天时，抑亦人谋"，还在部下面前夸赞曹操"智计殊绝于人"，其用兵之妙仿佛孙武、吴起。

"生子当如孙仲谋。"曹操看得起孙权，孙权也很佩服曹操。一次，在与诸葛瑾的闲聊中，孙权说道："曹操一生行事，杀戮攻伐稍微超过了限度，而离间他人骨肉至亲的关系，实在有些残酷了。至于他统御将领的本事，则是自古以来少见的。曹丕与曹操相比，差距实在太大了，绝对比不上。"

很明显，当时人，包括曹操的对手，尽管对曹操的政治态度和政治行为抱有不同的看法，但曹操的政治、军事等方面的杰出才能则是一致公认的。

就现存的典籍而言，史家对曹操进行评价，陈寿无疑是最早的和较为客观的。在《武帝纪》的卷尾，陈寿肯定了曹操的政治智慧和军事谋略，肯定了任用贤能的人才思想。他没有庸俗地看待曹操及曹丕的政治运作，而将曹魏代汉看作是曹操"明略最优"的结果。"非常之人，超世之杰"这八个字，是陈寿对曹操总的评价。

对于陈寿为何给曹操这么高的评价，后世学者有所议论。不少学者认为，陈寿等人之所以给曹操这么高的评价，一方面确实是曹操的功业骄人，另一方面是受正统观念的影响。正统思想的主要功能是确定各个王朝或政权在历史上的合法性及其地位。对正统观念理解的不同，直接导致对该王朝或政权以及重要人物的不同评价。对于曹魏和蜀汉两个政权，历来存在着"尊汉抑魏"和"帝魏寇蜀"两种正统观念，很自然，这两种正统观念所依据的标准是不相同的。

唐代学者刘知几在《史通》中，把正统的标准定在"地处函夏，人传正朔"上。所谓"地处函夏"，是说自古正统王朝都在中原建都，或者统治北方地区；所谓"人传正朔"，是说皇统的取得，或是"禅让"，或以"征诛"，但必须"有所授受"。曹魏所统治的地区，是五帝三王的旧都，符合了"地处函夏"的条件；曹魏的政权，是在受禅台上由汉献帝交出来的，并非没有来历，也符合"人传正朔"的条件。因此，曹魏是正统的。换句话说，东吴和蜀汉就是非正统的，非正统的便是僭伪，便是不合法，便是征讨诛灭的对象。

让蜀汉蒙羞的陆逊大将军之孙陆机，西晋时是个不大不小的文官。在《吊魏武帝文》中，他用极其华美的文字备颂曹操："大有功于九州，举世共推；德配天地，援日月而同辉。"也许是吴人的后代，看得比较清楚。他又说"曹氏虽功济诸华，虐亦深矣，其民怨矣"。也就是说，曹操虽然有功于国，但为政酷虐，百姓对他没有多少好感。较之陈寿，陆机对曹操的评价是两分的。

晋室南渡，情况发生了变化。北方的政权，按照刘知几总结出来的标准，偏安江左的东晋政权只能算是僭伪，与三国时代的蜀、吴仿佛。如此，史家们着了慌，习凿齿赶忙写了一部《汉晋春秋》来代替《三国志》，主张尊汉抑魏，取消曹魏的正统地位。而取消曹魏的正统，就必须重新认识曹操。习凿齿说得很直白："于三国之时，蜀以宗室为正，魏武虽受汉禅晋，尚为篡逆。"

同一时期的史家孙盛所著《魏氏春秋》和《晋阳秋》，虽有良史之誉，可就是他首开非议曹操之例。在其所著的《异同杂语》中，他将许劭对曹操"君清平之奸贼，乱世之英雄"的评价改为"子治世之能臣，乱世之奸雄"。曹操一生是在乱世中度过的，并没有得到做"治世能臣"的机会，因此，在孙盛心目中，曹操只能算是一个乱世中的"奸雄"了。

在上述史书的基础上，南朝时期的野史小说对曹操的正面形象具有强大的颠覆作用，尤其是刘义庆所撰的《世说新语》。在《世说新语》中，涉及曹操的条目近三十条，除了数条如"望梅止渴""绝妙好辞"之类反映曹操的机智和悟性外，大部分都是刻画曹操的自私残忍、奸诈无赖等性格和形象，极力彰显曹操的滥杀无辜，并表示极大的讥讽和蔑视。

从《世说新语》的几个故事来看，南朝时期的曹操形象已经很坏，被推入了社会邪恶势力的行列，成为人们警觉和批判的对象。这一贬曹倾向的形成，对后世写三国和曹操故事的文艺作品影响巨大。

贞观十九年，唐太宗李世民征伐高丽，路过邺县时曾拜谒曹操墓，并亲撰《祭魏太祖文》，表明自己对曹操的看法。文中说，曹操"以雄武之姿，当艰难之运，栋梁之任同乎曩时，匡正之功异乎往代"。他的功劳甚至超过了商代的伊尹和汉代的霍光。但是曹操也有重大的过错。李世民指斥曹操目视东汉的沉沦和颠覆，无匡扶之情，却有叛君之迹，帝国三分，固有曹操的责任。

唐太宗对曹操的这一评价，直接影响了整个唐朝对曹操的认识，尽管也有不少文人盛赞曹操的功绩和杰出才华，但更多的人将其视为汉末大乱的祸首和汉家天下的篡盗者。

对于曹操为汉家天下篡盗者的这一说法，宋代史家司马光明确地表示不同意这一观点。曹操以其文韬武略，芟刈群雄，平定中原，他的天下是靠自己的本事打出来的。"天末大乱，群生涂炭，自非高世之才不能济也。"曹操能以弱为强，化乱为治，不唯当世之雄，亦是高世之才。

然而，司马光同意唐太宗的说法，认为曹操有"无君之心"，他不是不想做皇帝，而是"畏名义而自抑也"。

与辞赋相比，苏轼所作的史论实在是逊色多了。不仅是史实差错，关键是拙于史识。在他有关三国史事的几篇史论中，多处谈及曹操。在《魏武帝论》中，他说了曹操的两长两短：长于料事而短于料人，长于用兵而短于用势（弃中原之长而与孙权争于舟楫之间）；在《诸葛亮论》中，以兵、地、战三者，将两者比较，认为诸葛亮都比不过曹操，独有忠信胜之，以此暗喻曹操忠信之不足；在《孔北海赞》中，他更为直接地说"曹操阴贼险狠，特鬼蜮之雄者耳"。

不仅如此，苏轼在《志林》中写道，当时的人听说书，"至说三国事，闻刘玄德败，频蹙眉，有出涕者；闻曹操败，即喜唱快。以是知君子小人之泽，百世不斩"。也就是说，在苏轼的心目中，曹操是一个小人，是一个受人百世痛恨的小人！

不过，从苏轼的记述中我们可以看到，在北宋的民间，曹操的形象已经是很坏的了。

到了南宋，曹操的形象更为糟糕，他不仅成为小人的代表，而且是个极端的大坏人了。朱熹在其《通鉴纲目》中直斥曹操为"篡盗"，并在其他著述中动辄对曹操加以讽刺和咒骂。

南宋端明殿学士洪迈，一生治学，思路弘阔，志趣广泛，著述甚富。在他的《容斋随笔》中，尽管备赞曹操知人善任，后世难及，其无敌于建安，实非侥幸，但他也说"曹操为汉鬼蜮，君子所不道"（卷十二）。

另外，诗人刘克庄、陆游等在其诗其文中不同程度地表述了与朱熹类似的看法。

对于南宋时期出现的"天心大讨曹"这一现象，历史学家给出了解释：当时的南宋偏安江左，其势与三国时僻处益州的蜀汉仿佛，因此南宋人一改北宋帝魏寇蜀的先例，改以蜀汉为正统。加上占据北方的金人尊曹魏而斥南宋为"构窜江表，僭称位号"，这便使得南宋人打出"尊刘反曹""帝蜀寇魏"的旗号以示对抗，并以此激发时人的爱国情感。

这种解释自然是准确的，问题是这段"天心大讨曹"的真实历史以扭曲或牺牲另一段历史的真实为代价，不仅使曹操的形象受到歪曲，还导致人们的历史观念走向偏差。

明清两代，人们继续将唾沫投向曹操，被金圣叹封为"第一才子书"的《三国演义》从政治、伦理乃至其他角度将曹操打下了地狱，从头至尾，罗贯中将人间的一切丑恶的品行都归之于曹操，以至毛宗岗先生将其归纳为"古今来奸雄中第一奇人"，曹操从此成了其影响远远超出小说之外的否定形象，成了公认的奸贼。

自古以来，中国的文人中不少有骨气的人物，我们可以将他们称之为文化的脊梁。正是他们的正骨和气节，使我们看到了历史的另外一种含义。在"天心大讨曹"的时候，我们可以听到异样的歌唱："年少万兜鍪，坐断东南战未休。天下英雄谁敌手？曹、刘。"而在天下尽视曹操为恶贼时，仍有人赞颂曹操克平天下的丰功伟绩，如王夫之。

在《读通鉴论》卷九中，王夫之说，曹操不是圣人之徒，然而汉末混争之世，纯臣已然绝迹，以纯臣来要求曹操显然是不恰当的。刘备与帝室同姓，他算得上是纯臣吗？人都会随着形势的变化而变化的，曹操亦然，但曹操之变却是有限度的。面对孙权的上书称臣及群僚劝进，曹操并未帝制自为，说明他是顾全名义的。汉献帝是一个平庸的皇帝，曹操若事事秉命，多方掣肘，又怎能扫灭群雄，统一中原？曹操"名为汉相，实为汉贼"，长期受到指责，已经不公平，而他在几次被谋杀未遂之后，终守臣节，实属不易。献帝时，汉朝已经名存实亡，就是这个名也还是曹操支撑着的，曹操一死，一切不都完蛋了吗。

不随流俗，不抱成见，据实直说，王夫之论曹操是持平而公允的。

然而，随着《三国演义》的刊行，曹操的恶劣形象已经在民间定型。而在朝堂之上，清代帝王们仍利用各种机会抨击曹操，乾隆下令剔除宋人穆修称颂曹操之文便是一例。事情的原委是这样：北宋真宗时曾经修复过亳州的曹操庙，受诏执笔撰写修复记的穆修写下了《亳州魏武帝帐庙记》一文，文中大力称颂曹操的功业："建休功，定中土，垂光显盛大之业于来世。"纪晓岚编纂《四库全书》时，将其收归集部。乾隆御览后大为震怒，认为穆修此文"以乱贼导天下"，这种奖篡助逆、大乖名教的文章，怎能让其"仍厕简牍，贻玷汗青"，应立即刊除。皇帝爷是这种看法，"篡盗"这口黑锅，曹操还得继续背下去。

曹操形象的根本改变发生在公元20世纪。1917年，胡适和钱玄同在《新青年》上以书信方式讨论历史小说的"魔力"时，谈到长期以来过分贬抑曹操的种种"谬处"，两个人的观点基本相同：论才、学、识，刘备远不及曹操，论居心不良，刘、曹没有什么区别，由于习凿齿和朱熹等人为当涂者所制造的理论，"害得一班愚夫愚妇无端替刘备落了许多眼泪，大骂曹贼千刀万剐"。在那个时期，这两位学者作出这样的议论，是需要过人的见识和勇气作支撑的。

事隔十年，鲁迅先生在广州做了一次学术演讲，便是那篇著名的《魏晋风度及文章与药及酒之关系》。在这篇演讲中，鲁迅先生说：谈到曹操，"很容易就联想起《三国志演义》，更而想起戏台上那一位花面的奸臣，但这不是观察曹操的真正方法。现在我们再看历史，在历史上的记载和论断有时也是极靠不住的，不能相信的地方很多，……其实，曹操是一个很有本事的人，至少是一个英雄，我虽不是曹操一党，但无论如何，总是非常佩服他。"

鲁迅之后，关于曹操的评价一下子火热了起来，甚至有一段时期，有关这方面的文章可谓连篇累牍，铺天盖地，但平心而论，除了某些细微的史实考索方面有所进步以外，对曹操的总体认识和历史定位，到目前为止，鲁迅先生的观点仍然是平实、精准的一路，占据着最高的水平。

"对历史人物的评价，往往是根据各个时代的要求，而不断变化的。但无论什么样的时代，一般都认为只有他们自己的理解才是真实的。采用该时代所需要的理解方法，使历史人物为自己的时代服务。"从历史学的角度看，这句话存在着重大的理论缺陷，但现实便是如此。据此，有关曹操功过是非的讨论，还会一直不断地进行下去。